La Nouvelle Interprétation des rêves

TOBIE NATHAN

La Nouvelle Interprétation des rêves

Odile Jacob

15, rue Soufflot, 75005 Paris

www.odilejacob.fr

ISBN 978-2-7381-1905-6

« Tous les rêves marchent selon la bouche. »
Talmud Bavli, traité Berakhot

À Michaël

Je demande à mes pères l'autorisation de parler en public.

Écoute Michaël, mon fils, toi si beau, si intelligent, trop sensible aussi, sache que le monde n'est pas si difficile à vivre à condition de savoir l'interroger. Les réflexions et les méthodes que je te confie ici, je les ai éprouvées durant plus de quarante ans. Elles se sont constituées en moi, précipité de lectures, cristallisation d'expériences, pensées de fin de nuits blanches jamais consignées. Elles se sont infiltrées dans mes fibres jusqu'à se transformer en chair à tel point que je ne sais plus guère aujourd'hui les distinguer de moi. Aussi, je te les confie comme un héritage parce que je sais que, de même chair, tu en connaîtras l'usage.

Silencieux et humble devant le malheur, on se doit de partager la gaieté du savoir ; de combattre par toute la force de la pensée la banalité et l'ennui.

J'ai écrit, j'ai parlé, je me suis engagé, dans des luttes sociales, dans des combats théoriques ; j'ai été quelquefois téméraire, m'avançant sans précaution en terrain difficile, soutenu par mes seules convictions, même si, aujourd'hui, certaines me paraissent celles d'une époque. J'ai travaillé en recherchant avant tout clarté et simplicité. J'ai voulu la parole claire, comme les dessinateurs belges de bandes dessinées aspiraient en leur temps à « la ligne claire ». Mais, avant toute chose, je te recommande de rechercher la pensée, car la banalité est pire encore que le mal.

Les esprits existent. Ils sont bruissements, ils sont parfums, ils sont étincelles. Ils constituent la seule force qui s'oppose à la nuit.

Les pensées obligées sont nuit ; les pensées automatiques qui ne tirent leur validité que de la crainte du ridicule sont nuit ; les pensées fabriquées pour n'importe qui, prêtes à l'emploi, sont nuit. Elles justifient la violence, elles sèment des disparitions.

Je supplie les esprits de m'épargner les bandes, les groupes, les sociétés et les affiliés, les hordes, les meutes et les légions.

Les esprits sont idées, éclats de lumière, à la fois insaisissables et infiniment reproduits.

J'étais parti sur le chemin que m'avaient tracé les maîtres, cueillant où je les trouvais ces fragments de lumière, imaginant éviter par le silence les pièges qui le parsemaient. Les embûches étaient à chaque embranchement, aux carrefours, là où les hommes parlent entre eux contre l'un d'entre eux. Les idées sont souvent maudites par les nuées.

J'ai souvent voulu écrire ce livre, ce guide d'interprétation des rêves, mais, chaque fois, une force m'a tiré en arrière. J'avais peur, je l'avoue, peur des jugements, des anathèmes, des excommunications…

Mais le temps passe, et, dans le domaine que je vais maintenant te divulguer, bien des connaissances nouvelles sont apparues, qui ont assoupli les crispations de naguère.

Michaël, mon fils, je t'ai rapporté ici, sous la forme la plus claire et la plus condensée, l'ensemble des connaissances sur le rêve – sur sa nature, sa fonction, et surtout, ce qui m'intéresse davantage, sur ses usages. Plus encore, j'ai passé ces connaissances au crible de mon expérience pour en tirer ce qui rend le rêve utile au quotidien, utile à chacun.

Tu pourras construire ta pensée sur ce qu'est le rêve, tu pourras comprendre les enjeux de ce phénomène, à la fois commun et quotidien, mais aujourd'hui encore si mystérieux. Tu pourras enfin faire quelque chose d'utile de tes rêves et guider ceux qu'il te plaira de conseiller dans le maniement de son interprétation.

Sache que le rêve peut devenir, à qui sait l'interroger, la lumière de ses nuits, un guide du quotidien et un gardien contre les dangers obscurs.

Arrive maintenant le moment de te confier quelques vérités et des connaissances pratiques. Je te les livre ici, sachant que tu en feras bon usage.

CHAPITRE 1

Le rêve et son interprétation

Usager des rêves, mon frère, ce livre t'est adressé. Il est destiné à tout usager des rêves – non pas seulement au rêveur – nous le sommes tous ! –, mais au rêveur qui n'a pas renoncé à comprendre. Celui qui a décidé d'utiliser la force de l'envers pour enrichir son existence. C'est lui que j'appelle « usager des rêves ».

Le rêve est un événement commun et pour une grande part collectif – *tout le monde sait que tout le monde rêve !* Il est aussi un événement singulier : personne ne peut rêver à ma place ; un rêve est une expérience strictement personnelle. En cela, il est comme une prière. Observe une église, une mosquée, une synagogue, à l'heure de la prière. Chaque fidèle prie la divinité pour lui-même, quelquefois les yeux fermés, à la recherche de son intimité, mais tous font la même chose, au même moment. Plus même, ils doivent confusément savoir que leur prière a d'autant plus de chances de parvenir à son destinataire qu'ils sont plus nombreux à partager l'expérience. C'est ainsi que, dans un même village, dans une même ville, la majorité des habitants prient au même moment, rêvent au même moment – chacun pour lui-même, mais tous ensemble.

Si le rêve est produit au cœur de notre intimité, durant notre sommeil le plus profond, il est toujours perçu comme un « objet » étranger à nous-mêmes ; à la fois si proche du noyau et toujours radicalement autre. Une fois transformé en souvenir, il devient objet étrange, information de l'ailleurs, message dont on ne connaît ni l'expéditeur ni le destinataire. Il reste à l'esprit comme une question qui attend réponse. Difficile à saisir, il a tendance à s'évanouir et, pour certains rêves désagréables, il est aussi quelquefois difficile de s'en débarrasser.

Schématiquement, on peut considérer que deux doctrines ont tenté de convaincre le rêveur de l'attitude qu'il doit adopter envers son rêve. L'une, d'Aristote aux cognitivistes modernes, l'incite à négliger ce qu'elle considère n'être que les scories de ses nuits ; on la dit rationaliste, mais il n'est pas certain qu'elle soit la plus rationnelle. L'autre l'encourage à lui prêter l'attention la plus extrême, lui présentant le rêve comme une énigme dont l'interprétation se révélera décisive pour sa destinée. Cette seconde doctrine est certainement la plus répandue à travers le monde puisqu'on la retrouve, sous des formes très différentes, dans toutes les traditions culturelles. L'une et l'autre sont étayées sur de véritables arguments.

Quant à moi, je me soucierai avant tout de l'usager, n'entrant pas plus que nécessaire dans le détail des doctrines, m'intéressant plutôt à la *pragmatique du rêve*. J'examinerai les propositions concrètes, tentant d'en tirer une pensée cohérente. Que propose-t-on à l'homme, à la femme qui rêve ? Que doit-il faire de cet objet, ramassé en ses nuits et qui parfois l'encombre des jours durant ? Que lui propose la tradition en Afrique ? en Australie ? en Asie ? en Amérique du Sud ? Que lui propose-t-on dans nos sociétés postmodernes ? Et que fera-t-il de toutes ces propositions ? Qui le guidera dans ses choix ?

Je n'en resterai pas là. Je ne me contenterai pas d'énumérer les traditions et les pratiques. Mon ambition n'est pas de proposer un guide géographique – « touristique » – du rêve. Il ne s'agira pas seulement d'éclairer le rêveur, de l'informer des différentes sortes de praticiens qu'il est susceptible de rencontrer – ce qui peut évidemment se révéler salutaire. Je prétends aussi lui fournir une sorte de canevas pour une interprétation possible de son rêve. Car ce livre se veut avant tout méthode. Mais si, en suivant les indications que je propose, le lecteur pourra pénétrer assez loin dans l'exploration de son rêve, annonçons-lui d'emblée qu'il ne pourra jamais remplacer l'interprète.

Car, en dernier ressort, aucun rêve ne peut être interprété par le rêveur lui-même.

Si le rêveur interprète son propre rêve, il ne fera que produire un nouveau rêve. C'est une expérience que bien des rêveurs ont faite, et parfois au sein même d'un rêve où, après avoir rêvé, ils ont vu, toujours rêvant, l'interprétation de leur rêve dont surgissait un nouveau rêve.

Dans un premier temps, je fournirai de manière synthétique quelques propositions claires sur la nature du rêve – du moins sur ce que nous pouvons en dire aujourd'hui. Pour ce faire, je puiserai à trois sources : *les recherches modernes*, récentes, puisqu'elles ont commencé dans les années 1960, sur la psychophysiologie et la neurophysiologie du rêve, *les données anthropologiques* sur le traitement traditionnel du rêve dans différentes cultures et enfin les *propositions psychanalytiques* qui, répandues dans la culture ambiante, ont profondément marqué notre époque. Je croiserai ces données provenant de champs différents, de l'anthropologie, des neurosciences et de la psychanalyse, les confrontant, les opposant, parfois, les poussant autant que possible jusqu'à leurs conséquences ultimes.

Ce livre n'est pas un ouvrage théorique ; je l'ai plutôt conçu comme une sorte de manuel, une entreprise qui enrichit l'« usager », lui permettant d'affiner son expertise. L'expression « clé des songes » utilisée autrefois ne m'aurait pas déplu si elle n'avait été aussi négativement connotée – « clé » puisque cet ouvrage prétend fournir au lecteur l'opportunité d'entrer dans un monde dont il ignorait peut-être la dignité, celui de la pragmatique du rêve.

Si ce travail puise à différentes sources d'information, son âme est constituée de ma propre expérience de thérapeute, au cours de laquelle il m'est, comme la plupart de mes collègues, souvent arrivé d'interpréter des rêves. Le lecteur trouvera çà et là témoignage de cette pratique. Formé à la psychanalyse, j'ai toujours été convaincu, dès mes années d'étude, que le rêve appelait par nature une interprétation. Pour paraphraser Hegel qui écrivait, on s'en souvient, qu'« être, c'est être devenu » et Sartre qui savait que « pleurer, c'est déjà être consolé », je suis persuadé que le seul fait de rêver implique une interprétation : *rêver, c'est toujours recevoir une interprétation !* Toujours, et partout ! Quel que soit le monde du rêveur, quels que soient son pays, sa langue, quelle que soit la personne à laquelle il s'adresse. Voilà une donnée « transculturelle » – au moins une !

L'interprétation fournie au rêveur est plus ou moins explicite ; elle est quelquefois formulée comme un énoncé sans ambiguïté ; mais il arrive bien souvent qu'elle soit marquée de la même incertitude que celle du rêve. Elle peut ainsi être fournie de manière interrogative avec un minimum de propositions. Il arrive également, surtout dans le cadre de psychanalyses freudiennes, qu'elle ne soit pas formulée du tout. Elle reste là, suspendue dans l'espace de la séance, parole jamais dite, propriété d'un « sujet imaginaire supposé savoir ». Formulée, suggérée ou tue, l'interprétation reste, dans tous les cas de figure, le complément obligatoire du rêve, comme l'autre face de la médaille, le verso du récit du rêve. Elle semble plus présente encore lorsque l'interprète se dérobe à sa divulgation, la constituant de ce fait comme une révélation à venir, *stricto sensu* une *apocalypse*.

Certes, les interprétations susceptibles d'être délivrées au rêveur sont multiples, relevant de cadres de référence différents selon l'identité, la culture d'origine, la langue et la formation de l'interprète. Mais ces cadres de référence ne sont pas innombrables même si leurs formes se déclinent à l'infini. Ils présupposent tous que le rêve n'est pas un assemblage aléatoire d'images et de mots.

Je dois dire également, et j'aurai l'occasion d'y revenir longuement, que le rêve n'est pas seulement appel à l'interprétation, il est aussi présentification d'un tiers, d'un invisible avec lequel un dialogue insoupçonné a été établi à mon insu – *à l'insu du moi*. Toutes les interprétations du rêve, y compris psychanalytiques, *impliquent que le rêve est un dialogue avec un partenaire d'une nature radicalement différente de celle du rêveur*. Elles supposent aussi que cette communication particulière comprend des modalités spécifiques – précisément celles du rêve.

Deux exemples très opposés

Je prendrai pour illustrer l'existence de cette communication particulière deux exemples, l'un moderne, issu des recherches en neurophysiologie, l'autre très ancien, provenant de cette vieille tradition attestée dès l'Antiquité la plus ancienne.

Les neurophysiologistes ont établi que le rêve survient lorsque le dormeur se retrouve coupé de tout accès au monde : sens et motricité déconnectés, il ne peut alors ni le percevoir ni agir sur lui. Et le rêve survient du seul fait du « cérébral » – non pas des stimulations externes, et certainement pas de la volonté du sujet, consciente ou inconsciente, puisqu'il est le résultat d'une activité *instinctuelle et automatique*. Lorsqu'il survient, ce « cérébral » établit des échanges (des échanges dont la neurophysiologie moderne parvient même à filmer les traces) avec une partie de lui-même – partie dont les neurophysiologistes s'accordent généralement à décrire comme instinctuelle.

On pourrait dire que *le rêve contraint le dormeur à établir une relation avec sa « nature » instinctuelle propre*. Voilà donc, d'après certains neurophysiologistes, l'interlocuteur avec lequel le rêve se connecte, en un mot : son noyau biologique.

Un autre exemple provenant d'une tradition très différente, très ancienne et qui perdure néanmoins jusqu'à nos jours : ce qu'on appelle l'« incubation ». Cette tradition, probablement originaire du Moyen-Orient le plus ancien, de Mésopotamie sans doute, d'Égypte, certainement, est attestée dans la Grèce antique par d'innombrables sources. Elle consiste à convoquer dans son rêve une divinité dont on attend des bienfaits. La personne qui souhaitait recevoir des informations en rêve devait dormir dans le temple du dieu, chez les Grecs, le sanctuaire d'Asclépios (Esculape en latin, dieu-serpent, dieu de la médecine, avatar d'Apollon), à Épidaure, en Argolide. Le dieu répondait si souvent à l'invitation, et les rêveurs étaient si satisfaits de cette rencontre, que les temples se sont multipliés – sans doute plusieurs centaines à l'époque romaine. Il fallait naturellement se préparer à accueillir un tel invité, se purifier, consentir à des sacrifices, donner du sang, de la viande, de la farine, des gâteaux… Avant de laisser la personne plonger dans son sommeil dans l'attente du message divin, les prêtres lui recommandaient de scruter le rêve qu'elle ferait nécessairement, pour y déceler les manifestations de la divinité. Cette tradition, comme toutes les pragmatiques, a traversé les espaces géographiques et les cultures. Il en va ainsi des techniques divinatoires et des techniques agricoles ; elles ne restent jamais la seule propriété d'un peuple, tirant de leur efficacité l'attraction qu'elles exercent sur leurs voisins. Car il ne s'agit pas de simples pensées, mais de pensées en actes, de manières de faire. C'est ainsi que l'incubation s'est transmise tout naturellement aux cultures voisines et à celles qui se sont succédé dans ce même espace méditerranéen. Si bien qu'on la retrouve dans le Maroc actuel où il n'est pas rare que le demandeur vienne, parfois de très loin, dormir dans un *marabout*, tombeau d'un saint devenu sanctuaire, afin de recevoir en rêve le message attendu. Dans cette tradition de l'incubation, il est manifeste que le rêve est l'espace privilégié de l'échange avec la divinité.

Si les neurophysiologistes pensent aujourd'hui qu'il permet un dialogue avec la partie instinctuelle du cerveau, une sorte de code, sans doute, avec lequel il n'est possible de se connecter que par des moyens cybernétiques, les praticiens de l'incubation, les gardiens du sanctuaire et les usagers pensent que le rêve permet d'établir une connexion, et même un dialogue, avec des saints disparus depuis des siècles.

Il va de soi que les rêves apparaissant dans ces lieux consacrés – temples de l'Antiquité, aujourd'hui *marabouts* du Maroc ou d'Afrique de l'Ouest – ne sont pas limpides. Ils appellent l'interprétation du praticien.

Les rêves ne sont pas seulement messages, ils sont aussi actions

Aelius Aristide, qui fut un rhéteur grec de grande renommée au IIe siècle après J.-C., nous a laissé un document exceptionnel, un journal des rêves qui lui sont venus au sanctuaire d'Esculape, où il s'est rendu durant des années pour soigner les terribles douleurs qui l'affligeaient depuis l'âge de 26 ans. À la lecture de ce témoignage, nous comprenons que la fonction de l'interprète n'est pas seulement d'explicitation – presque pas d'explicitation –, elle est surtout de facilitation. L'interprète fait en sorte que le mouvement du rêve puisse s'accomplir dans le monde réel. L'interprétation n'est pas ici seulement discours, elle est aussi action. Sa fonction n'est pas de traduire un texte opaque, mais de faire advenir l'action de la divinité dans le monde des humains. Voici par exemple un rêve où un chien vient renifler la partie malade du rêveur ; voici un autre où un serpent vient mordre le rêveur à la cheville. L'interprète agit pour que le malade tienne compte du fait que le dieu est apparu sous forme de chien, sous forme de serpent, pour lui inoculer sa substance du tréfonds du rêve, en des endroits endoloris de son corps. L'aboutissement du rêve sera la recommandation de l'interprète. Il ordonnera une offrande, une prière, un vœu, un ex-voto, pour que le dieu ne se retire pas, pour que l'intervention opérée en rêve, traversant le miroir, parvienne jusqu'aux humains, s'incarne, en un mot.

Par ailleurs, la fonction de l'interprète – il est de moins en moins de lieux où il s'agit encore d'un métier – se cantonne très rarement au seul rêve. Le psychanalyste ne se fixe pas pour but l'interprétation des rêves que lui rapporte son patient, il s'assigne la tâche de conduire la psychanalyse ; de même, le thérapeute traditionnel, le « maître du secret » qui délivre une interprétation, est lui aussi guidé par sa fonction de thérapeute. Quant aux interprètes d'obédience religieuse, qui ont souvent aussi une fonction thérapeutique, il va sans dire que leur mission principale est de guider le rêveur dans la voie de la divinité. Il n'est quasiment jamais de professionnel de l'interprétation du rêve qui s'intéresse au seul rêve. Tout interprète instrumentalise le rêve – c'est la raison pour laquelle j'affirme que *le problème du rêve, c'est son interprétation.* Il suffirait de cette remarque pour comprendre que le rêve est cette part d'insoumission radicale de la nature qui échappe aux fonctions et aux disciplines.

On pourrait considérer que les seuls professionnels qui s'intéressent au rêve *sui generis*, pour lui-même, pour ainsi dire, sont les spécialistes des neurosciences – eux qui sont pourtant les seuls à penser, dans leur grande majorité, que le rêve ne véhicule aucun message, ne mérite aucune interprétation et qu'il convient seulement de décrire les modalités de sa survenue. Cependant, même les cognitivistes les plus extrêmes commencent à remarquer de singulières cohérences dans les récits des rêves. Et certains parmi eux explorent les capacités créatrices du rêve.

Je veux ici m'intéresser au rêve, au rêve seul ! Et c'est pour cette raison que je propose au lecteur un guide d'interprétation – non pas une nouvelle étude du rêve, encore moins une explication. Je ne suis au service d'aucune discipline, ni de la neurophysiologie, ni de la psychanalyse, ni de tel dieu, ni de tel autre. Je veux rendre compte de cette capacité du rêve à laisser surgir la vie à partir des interstices, témoigner de sa liberté irréductible de toujours venir habiter les incertitudes.

De l'actualité des vieilles pensées

Usager des rêves, mon frère, peut-être considéreras-tu que je m'intéresse à de très vieilles pensées. Peut-être penses-tu qu'elles sont trop vieilles ? Il est vrai que, pour ce qui concerne cette question très particulière qu'est l'interprétation des rêves, les textes importants sont anciens, parfois très anciens. Il existe un traité d'interprétation des rêves dans les papyrus égyptiens datant du IIe millénaire avant J.-C. ; une clé des songes babylonienne datant du VIIe siècle avant J.-C. se trouve dans l'ensemble de tablettes connu sous le nom de *bibliothèque d'Assurbanipal ;* les plus anciennes clés des songes provenant d'Inde datent du Ve siècle avant J.-C. Et le modèle de toutes les clés des songes, sa quintessence, pour ainsi dire, toujours pillé, souvent mal compris, jamais égalé, reste l'*Onirocriticon* d'Artémidore de Daldis, auteur grec du IIe siècle après J.-C. Par la suite, des traités apparaîtront durant le Moyen Âge musulman, puis chrétien et aussi juif. Le plus connu, encore abondamment cité dans les pays arabes, est *Le Grand Livre de l'interprétation des rêves* de Muhammad Ibn Sîrîn (VIIIe siècle), témoignage d'une liberté de penser surgissant au cœur même de l'islam des débuts. Quant au *Pitron Halomot* de Chélomo Almoli, traduit en français sous le titre *La Clef des rêves*, mais qui signifie littéralement « résolution des rêves », soulignant par là qu'un rêve non interprété reste toujours comme un problème, il date du XVIe siècle séfarade (d'abord l'Espagne, puis Istanbul). L'apport de ce traité doit être considéré comme aussi décisif que celui d'Artémidore, quoique selon une tout autre perspective.

Comme tu le constateras, ce n'est pas d'aujourd'hui que le rêve est pris entre l'insensé, l'aléatoire et le sacré… Il y a fort longtemps que le monde est partagé entre ceux qui trouvent un sens aux rêves et ceux qui s'en gardent bien. C'est pourquoi je prends ces auteurs, pourtant très anciens, au sérieux, eux qui ont pris l'interprétation des rêves au sérieux. Je les lis comme des guides et confronte leurs propositions aux observations modernes. Je pense en effet que certaines pensées très anciennes, qui ont résisté à l'usure des temps, n'ont pas encore connu leur dépassement.

CHAPITRE 2

Étrange intimité

Le rêve et l'altérité

La plupart des ouvrages classiques traitant de l'interprétation des rêves commencent par distinguer plusieurs catégories de rêves, sans doute du fait que, quelles que soient son empathie et son habileté, l'interprète se heurte nécessairement à certains rêves qui lui résistent. Il lui faut donc rendre compte des échecs en expliquant par exemple, comme Artémidore au début de son traité, qu'il existe deux catégories : *enupnion*, traduit en français par « rêve » (littéralement « ce qui se produit dans le sommeil »), et *oneiros*, traduit par « vision de songe ». Pour Artémidore, les « rêves simples », *enupnion*, qui sont de nature quasiment physique, mettent en scène les désirs du rêveur, immédiatement compréhensibles :

> L'amoureux rêve nécessairement qu'il est avec l'objet aimé, le craintif voit nécessairement ce qu'il craint, et encore l'affamé rêve qu'il mange, l'assoiffé qu'il boit (*Onirocriticon*, p. 19).

De tels rêves, transparents pour ainsi dire, ne retiennent pas l'attention de l'onirocrite. Les uns sont dus au manque, les autres à l'excès ; les uns sont dus à la crainte, les autres à l'espoir. Ils ne se dilatent pas vers l'avenir ; ils ne font que décrire les tensions du présent. Seule « la vision de songe », *oneiros*, donnée par les divinités ou bien au sein de laquelle se manifestent des invisibles non humains, est susceptible de recevoir une interprétation. Et Artémidore nous prévient d'emblée : c'est ce type de rêve qui méritera son attention.

Ibn Sîrîn, onirocrite musulman du VIIIe siècle, ajoutera une troisième catégorie, celle des rêves donnés par le diable (*sheytan*). Pour lui, il existe donc trois catégories : les rêves donnés par Dieu (qui reprennent la catégorie des « visions de songes » d'Artémidore), ceux dans lesquels le diable introduit ses tentations (en arabe *ouessouasse*, « murmures ») et les rêves personnels, que l'on pourrait désigner comme des rêves de commodité. Une fois encore, seuls les premiers méritent l'attention de l'onirocrite qui, on le voit, exerce surtout son art à identifier l'intention du partenaire divin du rêveur.

Le choix est donc posé de longue date. Il y aurait deux grandes catégories, que nous pouvons distinguer et dès lors englober dans une définition plus générale. Les premiers, s'ils ne sont que surgissement d'affects retenus, nous devrons les considérer comme le déversement d'un trop-plein, un éternuement ou une régurgitation, une effervescence transitoire. C'est pourquoi je les nomme *effervescences*. Quant aux seconds, « donnés », adressés, déposés par des invisibles non humains, semblables aux « visions des songes » d'Artémidore, je les appellerai *vecteurs*, puisqu'ils véhiculent des informations et des messages. De tels songes, connus de tout lecteur de textes de l'Antiquité, du Moyen Âge ou de témoignages anthropologiques, laissent entendre que le rêve serait une place publique d'un certain type, un espace collectif au cœur de la personne, susceptible d'être investi par des « autres ». Et là, je parle de véritables « autres » – non pas des semblables, des « autres moi-même », mais des êtres à l'altérité radicale, des dieux, des esprits, des saints, des messagers ou même des diables. Ce type de rêve serait même l'espace privilégié où un humain peut croiser les divinités et échanger avec elles.

Je dois noter ici que la distinction proposée par ces auteurs de l'Antiquité et du haut Moyen Âge me semble acceptable, y compris au regard des données des neurosciences modernes. Car les rêves différents évoqués par les auteurs anciens surviennent à des moments différents du sommeil. Les rêves « effervescences » pourraient être assimilés aux rêves d'endormissement, à ces images qui accompagnent l'entrée dans le sommeil que les chercheurs désignent plutôt comme « images hypnagogiques ». « Effervescences », en effet, ces rêves se doublent souvent de décharges motrices, de sursauts du corps, de coups de pied dans le vide, ou de sensation d'un pied qui glisse sur un pavé mouillé. Souvent les jambes, souvent les pieds, puisque ici la conscience va « perdre pied » et le sujet, pour ainsi dire, « s'évanouir ». Ils viennent souligner que le rêve ne peut en aucune manière survenir debout puisque tous les muscles, toutes les fonctions qui permettent la station disparaissent alors. Rêver, c'est nécessairement tomber. Les images hypnagogiques accompagnant l'endormissement décrivent le processus même du rêve, nous renseignant de ce fait sur sa nature. Laissons de côté ces rêves effervescences qui nous guideront sur d'autres pistes plus tard et revenons vers ceux que les anciens considéraient dignes de leur attention.

À ce point, nous devons retenir que le rêve véritable, celui que les anciens désignaient comme « vision du songe » et dont les chercheurs modernes situent la survenue durant le sommeil paradoxal, *constitue l'espace où les humains peuvent faire l'expérience de l'étrangeté radicale* – et cela à plusieurs titres.

Le rêve est autre et soi-même. De nos jours, en temps de cinéma et de télévision, le rêve est souvent perçu comme un film auquel assiste le rêveur, comme s'il n'en était pas le réalisateur et si rarement l'acteur. À chaque souvenir de rêve, tout humain est soumis à ce paradoxe qui, sitôt qu'il y prête attention, le plonge dans la perplexité. Il sait avec sa raison qu'il est à l'origine du rêve (nul autre que lui n'a vu ce rêve) ; mais il ne peut faire autrement que de le percevoir comme un objet provenant de l'extérieur de lui-même, d'un autre monde. Et le monde interviendra à nouveau lorsqu'il s'agira de l'interpréter car le rêveur ne parviendra à métaboliser son rêve qu'en passant par un tiers.

Les deux catégories que je viens de retenir diffèrent de (mais rejoignent pour une part) celles que proposait Aristote pour qui les rêves étaient « soit cause, soit signe, soit pure coïncidence ». Mais Aristote, tout en ne niant pas que des rêves pouvaient être donnés par les dieux, s'en étonnait néanmoins de manière presque humoristique :

> Pour ce qui est de la divination et qui, dit-on, survient à partir des rêves, la mépriser n'est pas facile ; y croire non plus.

Une remarque apparemment de bon sens le fait douter plus encore :

> Le fait de ne voir aucune cause fondée en raison qui l'expliquerait rend la chose difficile à croire. Car que celui qui envoie les

> songes soit la divinité, et en plus de tout autre aspect qui heurte la raison que, par-dessus le marché, il les envoie non pas aux meilleurs ni aux plus sensés, mais aux premiers venus, voilà une conjonction absurde.

S'il accepte que les rêves peuvent être signes, Aristote doute qu'ils nous soient adressés par des dieux. Dans quelle intention ces derniers adresseraient-ils des rêves aux humains et surtout aussi généreusement, sans aucun discernement ? Aristote semble oublier que les dieux, tout comme les humains, sont mus par des stratégies – et sans doute la première d'entre elles, qui est de constituer des groupes d'adeptes de plus en plus nombreux. Les dieux veulent des croyants, de plus en plus de croyants ; ils espèrent atteindre à l'exclusivité. Tous les dieux, même ceux qui circulent dans des panthéons polythéistes, comme celui des Grecs de l'Antiquité, aspirent à l'hégémonie. Pour eux, il n'est pas de petits gains. Toute personne, quelle qu'elle soit, laboureur ou empereur, est un sacrificateur potentiel, un adorateur, un prieur.

Les dieux grecs adressent des rêves aux humains pour les convertir à leurs rites. Parmi les dieux connus, les Grecs ne sont pas les seuls ! Allah a fait de même, s'adressant à son prophète à travers des rêves, et le Dieu juif par moments, à certains des siens.

Cauchemar

Il existe en revanche une catégorie de rêves manifestement différente des autres : les cauchemars. Les neurophysiologistes distinguent les cauchemars survenant durant le sommeil paradoxal, qui seraient des rêves vrais par conséquent, de ceux survenant durant le sommeil lent profond, caractérisés par leur forte charge anxieuse pouvant aller jusqu'aux *terreurs nocturnes* (*pavor nocturnus*). C'est à cette dernière catégorie que les anciens pensaient sans doute lorsqu'ils décrivaient le cauchemar proprement dit.

De tels cauchemars, « terreurs nocturnes » donc pour les modernes, se distinguent des rêves par le fait que leur tonalité émotionnelle est immédiatement compréhensible. Le rêveur le sait, réveillé par de tels cauchemars, haletant, en sueur, ne parvenant pas à raccrocher ses sens à la réalité du monde qui lui paraît alors moins vraie – en tout cas moins urgente – que celle qui l'a heurté durant son sommeil. Là, le cauchemar agit à la manière d'un signal archaïque prévenant d'un danger vital. Lorsque les mammifères, y compris l'être humain, perçoivent l'imminence d'un tel danger, le cri, la panique et la fuite constituent les réponses automatiques, sans doute instinctives. Il faut noter que ce type de réaction est à la fois décharge d'une tension qui a dépassé les limites supportables, mais aussi signal, destiné à sa conscience, mais aussi à ses proches. Car, *de toutes les émotions, la panique est sans doute la plus contagieuse*. L'animal hurle de terreur et toute la troupe prend la fuite.

LA TERREUR DU JEUNE BABOUIN

Pour comprendre la nature de cette troisième catégorie de rêves qu'est la « terreur nocturne », le cauchemar au sens des anciens, j'userai d'une métaphore, celle de la terreur du babouin. Les babouins vivent en groupes pouvant aller jusqu'à deux cents animaux, extrêmement socialisés et hiérarchisés. Ces singes ne craignent guère les prédateurs, surtout lorsqu'ils vivent en grands groupes, généralement dirigés et protégés par trois ou quatre mâles adultes, aux canines impressionnantes et à l'agressivité féroce. Il n'est que la panthère, animal puissant, chasseur nocturne, qui ne craint pas de grimper aux arbres, pour s'aventurer à la chasse au jeune babouin, elle qui raffole de sa chair. Mais la panthère ne s'y hasardera pas en plein jour, sachant qu'elle n'aurait aucune chance face au collège de redoutables mafieux qui règne à la tête de la troupe. Le problème se pose donc la nuit lorsque chaque animal doit trouver qui une branche, qui un fourré pour dormir. La scène est la suivante : le jeune babouin, endormi sur sa branche, perçoit dans son sommeil – une chance que cela se passe durant son *sommeil lent profond* et non pas durant le sommeil paradoxal – les griffes de la panthère crissant sur l'écorce de l'arbre. Il ne voit pas, n'entend pas vraiment, mais son rêve, telle la caméra de recul montée sur les automobiles les plus modernes, reconstitue des bribes d'informations, les assemble et transmet ce qu'il faut bien appeler une « vision ». Je ne saurais dire ce que voit le jeune babouin ; je ne saurais décrire sa vision, mais tout se passe comme s'il voyait la panthère. Il la voit les yeux fermés – c'est précisément ce que permet le cauchemar. Il voit la panthère dont il a reconstruit la présence par l'assemblage de perceptions éparpillées que la vision du cauchemar a structurées.

Première remarque : *le cauchemar permet de percevoir les yeux fermés un aspect du monde à l'importance vitale pour le sujet.*

Que fait alors le jeune babouin ? Il se réveille en sursaut. Sans doute fait-il un véritable bond en hurlant. Le sursaut effraie la panthère, saisie l'espace d'un instant, le temps de déclencher par contagion les comportements de panique dans toute la troupe de babouins. Il y a fort à parier qu'effrayée par le vacarme, surprise par l'agitation, la panthère file sans demander son reste.

D'où la deuxième remarque : *le cauchemar est fonctionnel* – sans doute pas à chaque fois, mais son déroulement peut conduire au salut du dormeur puisque la panthère a cette fois pris la fuite, épargnant le jeune babouin.

L'un des mécanismes de la « terreur nocturne » est l'assemblage d'éléments discrets (l'imperceptible crissement des griffes sur le tronc d'arbre, le silence soudain de la nuit qui retient son souffle, oppressée) jusqu'à constituer une image – une vision – qui, par la suite, transmettra la panique jusqu'à éveiller le dormeur. Caractéristique primordiale de la terreur nocturne, sa capacité à construire une vision permet de comprendre le fonctionnement habituel des rêves, y compris ceux qui ne sont pas des cauchemars.

Troisième remarque : *tout rêve procède à la transmutation de l'univers du rêveur* – c'est une règle absolue ! Certaines affections mentales, telle la dépression, sont susceptibles d'être diagnostiquées par la tonalité particulière du rêve du patient qui est alors une simple copie de la réalité. Il manque à ces rêves le changement d'univers, marque de fabrique du rêve fonctionnel. Car un rêve change la couleur du monde. Pour modifier l'univers, le rêve agit par fragmentation d'abord, réduisant les images stockées dans la mémoire à leurs éléments puis par une nouvelle combinaison des particules dissociées. Il partage avec le cauchemar la capacité de fabriquer un nouvel assemblage, de proposer une combinaison nouvelle qui tentera au réveil un accrochage avec la réalité du monde du rêveur. Ainsi, au moins sur ce plan, la « terreur nocturne » est bien semblable au rêve, même si elle s'en distingue par l'intégration de perceptions discrètes provenant de la réalité.

Quatrième remarque : *rien n'est plus proche d'une perception réelle que la vision de la terreur nocturne.* Elle en possède la certitude ; elle est frappée du label : « Ceci est réel. » Je dirai même que la conviction qu'éprouve le rêveur est alors bien plus puissante que lors d'une perception réelle. Les dormeurs venant de faire un cauchemar se réveillent en effet envahis par le sentiment de panique et il leur faudra un certain temps – quelques minutes, parfois quelques heures – avant de distinguer à nouveau monde onirique et monde réel. C'est que le dormeur a des motifs d'être certain de cette réalité. Pour reprendre la métaphore du jeune babouin, sa vision est venue se superposer à la vue de la gueule ouverte de la panthère s'apprêtant à bondir. Ainsi sera-t-il fort difficile au babouin de ne pas croire à la réalité de sa vision. S'il pouvait parler, le jeune babouin dirait que « son ange protecteur lui a *montré* dans son rêve la panthère qui voulait le dévorer ».

Dernière remarque, enfin : *la terreur nocturne est tournée vers l'avenir* – un avenir tout proche, sans doute, dans le cas du babouin, un avenir plus éloigné dans le cas des humains. Le babouin voit en rêve la panthère. Cette vision le réveille, terrorisé. Et que voit-il immédiatement face à lui ? Cette même panthère qu'il avait aperçue endormi. Le rêve est ici manifestement prédiction ; il préfigure l'avenir et le présente au dormeur en une atmosphère d'urgence.

C'est du fait de ces deux dernières caractéristiques, sa réalité et sa capacité prédictive, que j'intégrerai le cauchemar véritable dans les catégories des rêves susceptibles d'être interprétés en tant que « signal ».

Il nous faut donc distinguer non pas deux, mais trois types de rêves : les *effervescences,* les *vecteurs* et les *signaux.*

Les corps du rêve

Les traditions onirocritiques avaient évidemment perçu la singularité du cauchemar. Les Grecs de l'Antiquité l'assimilaient à un être, une cavale, qui aurait décidé d'inverser l'ordre du monde en enfourchant son cavalier, comme si cette jument du rêve profitait du sommeil de l'humain pour inverser la hiérarchie du quotidien. Pour les Grecs anciens, le cauchemar vrai venait signifier l'inversion des alliances. Mon serviteur le plus proche – ici, le cheval –, celui avec lequel je fais corps, celui dont je ressens la moindre claudication jusque dans mes os, celui qui pose ses sabots à l'endroit précis où s'élance mon regard, deviendra en ma nuit agresseur de mon intimité. *Car le cauchemar est le rêve de la trahison*. Les tableaux ne manquent pas le représentant en cheval assis sur la poitrine du rêveur. Celui de Johann Heinrich Füssli (1802) est sans doute le plus connu.

Lorsqu'il se fait corps, le cauchemar est une sensation intolérable de poids sur la poitrine. L'étymologie du mot français en témoignerait puisqu'elle renverrait à « être », ou « fantôme » (*mare*), « pressant sur la poitrine », « oppressant » (*cauche*).

Plus explicite encore, une autre figure du cauchemar, qui trouve elle aussi sa source dans l'Antiquité grecque, est celle de la *sphinge* dont les légendes tardives, notamment les élaborations dramatiques de Sophocle dans l'*Œdipe-Roi*, ont progressivement gommé les caractéristiques physiques et comportementales. La *sphinge* est chez les Grecs de l'Antiquité un être composite, buste de femme, corps de lionne, ailes de rapace et queue de serpent. Elle descend sur l'homme endormi et se pose sur sa poitrine, le maintenant immobile de ses pattes griffues. D'où la paralysie du rêveur – maintenu par les pattes de l'hybride. Elle lui brandit ses seins proéminents jusqu'à l'étouffer. Sur les bas-reliefs de l'époque hellénistique on distingue parfaitement l'érection du paysan endormi, la faux posée auprès de lui. Elle est cauchemar depuis son nom, substantif du verbe *sphyngein*, qui signifie « étrangler » (et qui a donné notre mot « sphincter »). En grec, le mot *sphynx* est l'équivalent du mot « angoisse » en français, c'est-à-dire resserrement, constriction. La *sphinge* est cette sensation de gorge serrée qui perdure encore longtemps après qu'on est sorti des images du cauchemar. Elle est ces courbatures au réveil, comme si l'on avait subi des violences physiques en rêve. Elle est cette érection qui surprend le rêveur car, malgré tout, elle est rêve.

Deux manifestations physiques spécifiques accompagnent en effet le processus du rêve : l'érection du pénis chez l'homme, du clitoris chez la femme, et le mouvement des yeux. Si les recherches modernes en psychophysiologie du rêve ont identifié dès les premiers travaux ces mouvements physiques du rêve, les traditions onirocritiques les avaient intégrés dès l'Antiquité dans les mots mêmes qu'elles utilisaient pour désigner le rêve. La tradition arabe possède trois mots courants :

— *manâm*, qui désigne le rêve de la manière la plus neutre, littéralement « ce qui survient durant le sommeil » (*nôme* = « sommeil »), équivalent par conséquent du grec *enupnion ;*

— *hulm*, mot le plus usité dans la langue courante, qui dérive d'une racine trilitère (H-L-M), qui signifie « croître », « gonfler » (en hébreu, cette même racine signifie « donner de la force ») ;

— et enfin *ru'yâ*, plus savant et poétique, qui signifie sans ambiguïté la « vision ».

Ainsi, si l'on regroupait les trois mots les plus employés pour désigner le rêve en arabe, on obtiendrait : *le rêve est « ce qui se passe durant le sommeil (*manâm*), produisant turgescence du membre sexuel (*hulm*) et mouvement des yeux (*ru'ya*) »*.

Ce serait la définition la plus exacte du rêve, la plus neutre aussi, sans doute. Elle serait acceptée par les auteurs de l'Antiquité qui reconnaîtraient les mots qu'ils emploient et par les chercheurs modernes qui retrouveraient les deux manifestations caractéristiques du rêve : l'érection et les mouvements oculaires rapides.

Aujourd'hui, dans le monde arabe, un être spécifie le cauchemar à la manière de la *sphinge* ou de la cavale de l'Antiquité grecque. On l'appelle *Aboughtass*, en arabe, « celui de l'étouffement ». Plus ou moins assimilé à une sorte de djinn, *Aboughtass* assaille le dormeur en sa nuit, paralyse ses membres, s'assoit sur sa poitrine et l'étouffe. La personne se réveille suffoquée avec la sensation d'avoir frôlé la mort. Dans les pays du Maghreb, la culture populaire attribue l'intervention de cette incarnation du cauchemar à une faute grave commise par le dormeur. Quant à la neurologie moderne, elle a parfois interprété ce type de symptôme comme les signes d'une « apnée du sommeil ».

De cette digression sur les caractéristiques des cauchemars et de leurs différentes formes, nous devons tirer plusieurs conclusions :

— Le cauchemar est d'une certaine manière aussi un rêve, plus simple, certes, plus facile d'accès, aussi, plus aisé à décoder. À la différence des anciens, je considère qu'il est susceptible d'interprétation, même si cette interprétation est plus immédiate que celle d'un véritable rêve.

— Le cauchemar, tout comme le rêve, est aussi une place publique, un lieu de rencontre où l'humain peut certes croiser certains non-humains, mais, d'après les auteurs anciens, il s'agit de démons plutôt que de dieux ; qui n'ont donc pas de message à lui délivrer, mais le recherchent comme une proie.

— Le cauchemar est surtout l'espace où l'humain est confronté aux stratégies cachées des autres humains – ces stratégies que la vie sociale, les bonnes manières, les pensées obligées l'ont empêché d'apercevoir durant la veille.

— Le cauchemar, à condition d'être correctement interprété, peut se révéler particulièrement utile au rêveur puisqu'il lui adresse un *signal* l'avertissant des dangers qu'il aura à affronter à son réveil.

CHAPITRE 3

Le cauchemar

Les cauchemars post-traumatiques

Le cauchemar a toujours posé problème aux onirocrites. Les anciens, je l'ai dit, le négligeaient, considérant qu'il s'agissait plutôt d'un rêve expressif, une sorte d'« effervescence » exacerbée. Quant aux psychanalystes, ils ont tenté de le prendre à bras-le-corps, gênés par le fait qu'il contredisait la théorie psychanalytique du rêve. Si, selon la proposition de Freud, le rêve était véritablement l'expression, certes masquée, déformée, d'un désir refoulé, interdit, pourquoi une telle expression, qui devrait selon lui procurer apaisement ou même plaisir, aboutirait-elle à cette quintessence de l'angoisse et de l'oppression qu'est le cauchemar ?

L'un des cauchemars typiques, de plus en plus connu de nos jours, a particulièrement retenu l'attention des psychanalystes car il ouvrait à une compréhension simplifiée du rêve. Il s'agit du cauchemar post-traumatique. Lorsqu'un être humain subit un traumatisme psychologique violent au cours duquel il est persuadé qu'il est mort, au moins l'espace d'un moment – *non pas qu'il a craint de mourir, mais qu'il s'est vécu mort* –, il en garde la plupart du temps des séquelles psychiques parfois durant des années. Des événements graves sont susceptibles de provoquer un état de stress post-traumatique, tel celui de se trouver dans un café au moment d'un attentat, d'être ébranlé par l'explosion de la bombe et de perdre connaissance. Ou bien une chute d'une dizaine de mètres, un accident de voiture dont le sujet est le seul à sortir indemne. Les victimes d'enlèvement développent souvent ce syndrome, tout comme les survivants de violences politiques ayant subi l'incarcération et la torture. L'état de stress post-traumatique est bien connu également des militaires. C'est d'ailleurs dans ce milieu, au moment de la Première Guerre mondiale, qu'il a été décrit pour la première fois sous le nom de « névrose de guerre », puis de « névrose traumatique ». Il touchait des soldats bombardés qui étaient restés seuls survivants de leur bataillon ou même de leur compagnie. Ce qui correspond à la caractéristique, que je donnais plus haut, d'avoir « vécu » sa propre mort. Cet état se caractérise par une série de symptômes parmi lesquels l'humeur dépressive, l'irritabilité, l'insomnie, les frayeurs, le rétrécissement de l'espace social et surtout les cauchemars. Durant ces cauchemars, la personne revit le plus souvent la scène traumatique, exactement comme elle s'est déroulée en réalité, ou avec des transformations peu importantes, et finit toujours par se réveiller terrorisée. Par la suite, la personne éprouve de plus en plus de difficulté à entrer dans le sommeil, sans doute de peur d'être confrontée à ces mêmes images.

Ce type de cauchemar offre un accès à la compréhension des mécanismes généraux du rêve. On peut identifier sa cause avec précision (le traumatisme vécu par le sujet), dater le moment de sa survenue et enregistrer les progrès accomplis à partir du témoignage du rêveur, en général à l'affût des modifications de son cauchemar.

Durant la Seconde Guerre mondiale, les psychiatres militaires américains avaient produit une théorie de ce type de rêve. Plutôt que de suivre la tendance naturelle du patient qui, au bout de quelques nuits envahies de cauchemars, cherche à éviter le sommeil, ils ont au contraire favorisé la multiplication de ses rêves, éventuellement en administrant des substances psychotropes multipliant les rêves (des barbituriques comme le *penthotal*). Au bout d'un certain temps, ils notaient souvent la survenue d'un rêve résolutoire qu'ils ont appelé « rêve de bonne fin » (*happy ending dream*). L'un des exemples, particulièrement parlant, était celui d'un pilote de bombardier dont l'appareil avait été touché par la DCA. Par chance le pilote avait réussi à sauter en parachute et à échapper aux balles de l'ennemi. Une fois rentré à la base, il souffrait d'une véritable névrose traumatique. Il fallait faire disparaître les cauchemars si l'on souhaitait qu'il puisse à nouveau prendre les commandes d'un appareil. À la fin de la guerre, les besoins en pilotes devenaient criants du fait des pertes importantes. Au bout de quelques semaines de traitement, l'homme avait fini par faire un rêve – pas tout à fait un cauchemar, bien que ce rêve ait repris les principaux éléments de la scène traumatique, mais en les infléchissant. Ainsi l'avion ne s'écrasait-il pas, mais atterrissait en douceur sur un plan d'eau, les autres membres de l'équipage échappaient au danger tout comme lui, il se voyait les retrouvant dans un bar autour d'un verre, etc.

Cette série de faits, fort connus par ailleurs, vient confirmer :

— qu'un rêve se livre nécessairement à la déconstruction des images provenant de la réalité ;

— qu'il répète sans cesse la même procédure de déconstruction jusqu'à parvenir à une nouvelle scène ;

— que, lorsqu'il y parvient, l'effet bénéfique du cauchemar est parfaitement perceptible puisqu'il augure une radicale modification de la situation traumatique.

Le cauchemar peut se révéler thérapeutique au long cours de l'événement traumatique.

Reste la question lancinante qui avait interloqué Freud. Pourquoi le cauchemar ? Et pourquoi tend-il à perdurer ? Si les cauchemars post-traumatiques nous éclairent sur le mécanisme du rêve, les autres cauchemars nous indiquent ce qu'il convient de faire en général d'un rêve.

Le cauchemar est un signal, je l'ai dit, adressé au rêveur, mais aussi à son entourage immédiat, le prévenant qu'au réveil il se trouvera plongé dans une situation comportant un danger grave pour sa survie, sa vie privée, sa carrière, sa famille. C'était déjà le cas du cauchemar de notre hypothétique babouin ; c'est aussi celui de la plupart des cauchemars des humains, même si leur compréhension n'est pas aussi aisée.

Cauchemar politique

Prenons le cas d'une personne qui a été victime d'un enlèvement puis d'une incarcération parce qu'elle participait à une action politique interdite par le gouvernement. Cette histoire, pas tout à fait imaginaire, se passe dans un pays où la police a remplacé la loi, où l'armée occupe de fait l'espace social des classes moyennes, s'enrichissant en prélevant un impôt illicite à partir de positions de prédation. L'homme a été retenu dans une des prisons militaires durant des jours, battu, humilié, terrorisé. On lui a posé quelques questions concernant son groupe politique, les personnalités qui y participaient, la stratégie qu'il mettait en œuvre, mais sans grande conviction. En vérité, les militaires étaient déjà informés et les questions ne servaient qu'à justifier la torture – à leurs yeux, du moins. Cependant, ils ont fait mine de vouloir savoir, l'interrogeant, le battant à chaque fois qu'il refusait de répondre. Puis, au bout d'une dizaine de jours, l'homme a été libéré.

Dès le lendemain débutent les cauchemars – cauchemars terrifiants où il se voit à nouveau incarcéré, soumis aux humiliations qu'il a vécues, subissant les brimades, les insultes et les brutalités qu'il a connues. À la question de savoir ce que lui voulaient ses tortionnaires, il répond ce qu'ils lui ont signifié durant les moments de torture : « Ils voulaient me faire parler. » Mais, au-delà de sa conscience immédiate, celle qui répond raisonnablement, une partie de lui-même a déjà compris. Ils ne voulaient pas le faire parler ; les militaires ne s'intéressaient pas à lui ! Ils cherchaient avant toute chose à museler une force politique qui, dans ce cas, représentait aussi une minorité ethnique dans la population. Ils savaient, eux, qu'une fois sorti il circulerait en ville, raconterait les violences subies. Ainsi, il servirait d'exemple. Apprenant la violence des militaires, son caractère sauvage, les conditions de détention, le degré d'infiltration des groupes politiques, bien d'autres, issus de la même minorité, qui auraient pu être tentés éviteraient d'entrer dans la lutte.

Voilà la véritable logique de l'agression qu'il a subie : maquillée en interrogatoire, il s'agit d'une intimidation adressée à une frange de la population – intimidation dont il n'est que l'instrument. Voilà aussi la raison pour laquelle il a été libéré aussi vite, alors que d'autres, il le sait, croupissent des mois en prison ou disparaissent à tout jamais sans laisser de trace. Les tortionnaires prétendaient le faire parler ; en réalité ils voulaient le faire taire, lui et tout le groupe auquel il appartient.

Le cauchemar est ici compréhensible, il vient modifier la perception immédiate et quelque peu illusoire que voudrait préserver la victime ; il vient lui rappeler les dangers réels. « Tu n'es pas tiré d'affaire, lui signifie-t-il, tu es surveillé, suivi et certainement pas à l'abri d'une nouvelle arrestation. » Le cauchemar vient dire à la personne la vérité qu'elle ne veut pas connaître. Sa compréhension est essentielle, cette vérité pourrait dynamiser ses capacités de lutte. Aussi longtemps que se répète le cauchemar, on peut être sûr que perdure la situation de danger. *Le cauchemar n'est pas une erreur née de la frayeur, il est perception du fragment caché de l'agression.*

Charlotte Beradt a recueilli entre 1933 et 1939 en Allemagne, dans les premières années du régime nazi, les rêves d'hommes et de femmes ordinaires qui subissaient l'oppression à ses débuts. Elle voulait montrer à quel point le nouveau pouvoir pénétrait dans l'intimité des personnes, faisant vaciller les piliers habituels de leurs pensées, et jusqu'à violer leurs âmes. On s'étonne à la lecture de ces rêves de la véritable prescience que manifestaient ces hommes et ces femmes pourtant ordinaires. C'est bien que le rêve s'élance dans les hypothèses à partir de la fragmentation du perçu, jusqu'à prédire les atrocités que le régime n'a pas encore imaginées.

> Une autre fois, je rêve qu'on m'oblige à énumérer toutes les punitions bestiales qui existent. Je les ai inventées en rêve. [À l'époque on ignorait encore largement le détail de ces bestialités.] Puis, je me venge en criant : « Tous les opposants doivent mourir » (p. 129).

Cet exemple attire l'attention sur d'autres caractéristiques du cauchemar que nous n'avions pas encore explicitées :

— S'appuyant sur des perceptions désagréables auxquelles le sujet refusait de penser à l'état de veille, il est plus vrai que la perception consciente qu'il a du monde.

— Le cauchemar mérite une attention fine de l'onirocrite car s'il donne lieu à une interprétation, celle-ci pourra activer les réactions instinctives de prudence, érodées par l'événement traumatique.

— Il arrive aussi que le cauchemar survienne en l'absence de tout traumatisme. Il faut néanmoins le considérer avec la même vigilance. Car la situation de danger est tout aussi présente, même si elle n'a pas encore déclenché l'événement traumatique. Dans ce cas, le cauchemar est à la fois analytique et prédictif. Il a en quelque sorte « scanné » une situation – il s'agit en général d'une ambiance –, en a tiré les conclusions, finalement mises en images, puis mises en scène.

— On rencontre tout particulièrement ce genre de cauchemars dans les situations professionnelles. Là, au bureau, une décision de se débarrasser de la personne, une cabale, des rumeurs, l'environnent à son insu. La personne en a perçu des signes mais a détourné son attention – cela lui fait trop peur. Elle a voulu croire qu'elle était seulement victime de son anxiété. Le cauchemar, comme celui du babouin, sonne l'alarme, lui interdisant de poursuivre son sommeil. Tant que la situation n'a pas changé, tant que la personne n'a pas pleinement pris conscience des dangers qu'elle court, tant qu'elle n'a pas inversé sa position, devenant active face à ce danger, le cauchemar se répétera chaque soir.

— Comme nous le voyons ici, le cauchemar, malgré son caractère particulièrement désagréable et violent, peut se révéler salutaire à l'employé victime de harcèlement, à condition qu'il accepte de prêter attention aux mises en garde qu'il contient.

— On comprendra que, pour ce dernier type de cauchemar, l'interprétation se révélera cruciale.

Positions du dormeur durant son sommeil et substances corporelles

Les auteurs anciens, ceux de l'Antiquité grecque puis latine, bien sûr, mais aussi les médecins arabes du haut Moyen Âge, ensuite les médecins chrétiens de la Renaissance et jusqu'à la reprise de la question du rêve au XIXe siècle, tous s'accordent à reconnaître dans le cauchemar un certain nombre de manifestations somatiques, déjà perceptibles au travers des étymologies : *le poids, sur la poitrine ou sur l'estomac, la sensation de constriction, l'étouffement.* Les noms successivement donnés au cauchemar dans les différentes langues accompagnent tout naturellement ces observations. Les Grecs disaient *ephialtes* pour désigner le cauchemar (Hippocrate), mot qui signifie « se jeter sur ». Il est clair que, pour eux, l'être du cauchemar – rappelons-nous que pour l'Antiquité le cauchemar est un être (cavale, fantôme, démon, être de la nuit) – s'est « jeté sur le dormeur répandu sur sa couche, s'installant sur le haut de son corps ». L'usage du mot latin *incubus* ne se généralise qu'à la fin du Moyen Âge – *incube*, donc, qui signifie « couché sur ». À partir du XIIIe siècle, et de plus en plus au XVe et au XVIe, sous la pression de l'Inquisition, le monde chrétien devient obsédé par l'invasion diabolique. Le diable aurait alors pris l'habitude de se reproduire au travers de ses accouplements avec des dormeuses, dans leur sommeil. C'est ainsi que dérive le sens du mot « incube », prenant avec la modernité une forte coloration sexuelle. Le sens de *incubus* évolue vers « démon mâle », envoyé ou avatar du démon, venant surprendre une chrétienne au cœur de ses nuits pour capturer son âme par le plaisir sexuel. « Ravissement », donc, aux deux sens du mot, car la voici ravie, comblée, d'un certain côté, mais aussi enlevée à sa foi, ravie aux siens. C'est sans doute à la même époque que s'impose le mot arabe *kabousse* pour désigner le cauchemar, dont l'étymologie renvoie également à ces mêmes notions de pression et d'oppression. *Kabousse*, en arabe, provient d'une racine qui signifie « presser », mais aussi « pétrir ». L'« être-cauchemar » s'étant emparé de l'humain le malaxe, le « travaille », le traitant en matière, ainsi que la cuisinière le ferait d'une pâte à pain.

Ces perceptions traditionnelles du cauchemar ont donné lieu au fil des temps à des procédures de protection, donc à des manières de faire. L'incube a survécu tel qu'à son apparition un peu partout à travers le monde, là où l'ont emporté moines et missionnaires. Nous le retrouvons aux Antilles françaises, notamment en Martinique, sous le nom de *dorliss*. Le mot *dorliss*, dont on dit qu'il dérive du mot anglais *doorless*, « sans porte », témoigne des capacités intrusives de l'être qui s'infiltre dans les espaces les plus protégés – ni porte ni serrure ne peuvent protéger la dormeuse. Une tradition populaire prétend en Martinique que, si la femme s'endort avec une culotte bicolore, rouge à l'extérieur et noire à l'intérieur, le *dorliss* ne pourra pénétrer ni son rêve ni son corps. Cette dernière recommandation indique également le comportement qu'il convient d'adopter avec ces êtres. Ne pouvant les maîtriser, les humains parviennent quelquefois à les tromper, par exemple, ici, en inversant les couleurs qu'il s'attend à rencontrer : il aurait dû trouver le noir à l'extérieur (couleur de la peau) et le rouge à l'intérieur (couleur du sang).

Autre comportement préconisé pour se protéger des *incubes, kabousses*, *aboughtass*, qui viennent en général prendre place sur la poitrine d'un rêveur endormi sur le dos : on a en général conseillé aux personnes sujettes à des cauchemars de dormir sur le côté – de préférence sur le côté droit.

Telle qu'elle se présentait dans l'Antiquité, la question des cauchemars était avant tout celle des *sphinges* et de ces êtres des cauchemars qui étaient réputés capturer les jeunes gens en leur sommeil. Arrivées par le haut (d'où leurs représentations ailées), elles s'abattaient (*ephialtes*) sur la poitrine du malheureux, le saisissaient de leurs pattes de lionne, d'où leurs griffes, et lui brandissaient les seins devant le visage. Les seins sont sans doute ici l'appât permettant de détourner l'esprit de la victime du véritable motif de l'agression. Car le terme d'un tel cauchemar est l'émission du sperme du dormeur. Ainsi le sperme émis en rêve est-il prélevé aux humains par un être d'une autre nature, qui sera fécondé et donnera naissance à de nouveaux êtres hybrides. La *sphinge*, cela va sans dire tant son apparence l'évoque immédiatement, est elle-même une quintessence d'hybride : femme/lionne/oiseau/serpent.

Pour l'Antiquité grecque, je le répète, le cauchemar est bien un espace où l'humain risque de rencontrer des êtres d'une autre nature parmi lesquels de véritables prédateurs, recherchant sa substance pour engendrer de nouveaux êtres de cauchemar, qui s'attaqueront à toujours plus d'humains. *Le cauchemar est épidémie par nature.*

L'émission de sperme en rêve – rares sont les jeunes gens à qui cela n'est pas arrivé, faut-il le rappeler ? – a tourmenté l'Antiquité, non seulement grecque, mais aussi du Moyen-Orient. La Bible (Genèse 6 : 4 ; Nombres 13 : 33) mentionne dans des passages assez mystérieux l'appétence des êtres hybrides pour les humains. Ainsi, dit-elle, les *Nephilim*, sorte de démons primordiaux, s'accouplaient alors avec « les filles des hommes ». Ce qui déplut à Dieu et motiva le déclenchement du déluge afin de laver la terre d'une telle souillure. C'est sans doute la raison pour laquelle Noé embarque dans son arche les animaux par couples appariés afin d'éviter la répétition de la souillure des hybrides. L'islam a hérité de cette inquiétude, et toutes les clés des songes musulmanes attribuent l'éjaculation en rêve à la rencontre avec un être démoniaque. Elles recommandent au dormeur de se purifier dès son réveil, non seulement par les ablutions ordinaires, mais par des protections et des rituels spécifiques. Le monde chrétien de la Renaissance a transformé cette crainte du cauchemar au cours duquel les humains rencontrent les démons en véritable obsession. Le traité de chasse aux sorcières écrit par deux moines inquisiteurs en 1486, Henry Institoris et Jacques Sprenger, le célèbre *Marteau des sorcières* (*Malleus Maleficarum*), développe une théorie extrêmement sophistiquée de la capture du sperme par les démons, ce qui démontre à nouveau que c'est bien le sperme humain que recherchent les êtres des cauchemars. La séquence en serait celle-ci : 1) le démon se manifeste d'abord sous forme femelle, se glissant dans le rêve d'un homme pour lui soutirer son sperme ; 2) il se transforme alors en *incube*, mâle, et s'introduit cette fois dans le rêve d'une femme pour s'accoupler avec elle ; 3) le sperme utilisé avec la rêveuse qui se réveille humide, souillé par son passage dans le corps du démon, fécondera cette femme qui donnera naissance à des hybrides, pervers, destinés à devenir des auxiliaires du démon ; 4) deux singularités dans cette construction théorique extravagante qui eut un succès mondial durant près de deux siècles : le démon est dépourvu de sperme ; celui qu'il utilise en assaillant ses victimes féminines, sperme humain dévoyé, se reconnaît au fait qu'il est glacé – glacé, bien sûr d'avoir résidé hors de la chaleur du vivant, dans le corps du diable.

Nous constatons que, à partir du début du XVIe siècle, la conception du cauchemar, héritée des Grecs, ayant transité par les Romains, puis par l'islam, a quelque peu évolué puisque la véritable complice du diable est maintenant la femme qui, du fait de sa faiblesse constitutive, ne sait, pense-t-on alors, résister aux tentations du démon.

Il faut dire que le Moyen Âge chrétien a progressivement jeté l'anathème sur le rêve, sur tous les rêves, devenus lieux privilégiés des tentations de Satan – creusant ainsi le lit de la psychanalyse à venir. Un simple croyant n'était pas autorisé à recevoir de messages divins en rêve – messages exclusivement réservés à l'Église. Les interprètes de rêves, les onirocrites et les oniromanciens, considérés comme des hérétiques, étaient poursuivis par l'Inquisition. Si bien qu'à l'orée de la Renaissance, en Europe du Nord, le rêve avait déjà dérivé vers le cauchemar et le sexe, perdant sa capacité à accueillir les messages de l'altérité. Cette conception d'un rêve seulement négatif s'était installée en Europe du Nord et avait perduré longtemps, jusqu'à l'époque contemporaine. Au tout début des années 1970, alors que je faisais mes premiers pas de clinicien, il n'était pas rare qu'à la question : « Avez-vous rêvé ? » un patient me réponde : « Mais non ; j'ai très bien dormi ! »

Ces dernières remarques sur certaines conceptions anciennes du cauchemar nous permettent d'affiner notre perception, toujours dans cette même perspective que nous nous sommes donnée de construire une pragmatique du rêve, autrement dit : de tenter de répondre à la question « Que faire du rêve ? » Car ces conceptions ont toutes débouché sur des conseils d'endormissement destinés à éviter la répétition des cauchemars et sur des méthodes de prise en charge pour traiter leurs effets dans la vie éveillée de la personne.

Actualité de l'interprétation des cauchemars

Les modalités du traitement préconisé indiquent que le cauchemar est un carrefour où les humains peuvent croiser des non-humains qui les ont choisis comme proie. Le cauchemar est plus généralement place ouverte, sur un monde d'agressivité que l'on pourrait comparer à celui qu'affronte le jeune babouin dans sa nuit. J'y vois une compréhension patiente, longuement mûrie au long des siècles et appuyée sur l'expérience, des onirocrites de l'Antiquité de la capacité que renferme le cauchemar à nous révéler les dangers cachés qui nous attendent dans notre vie éveillée.

Se dessine également un repérage des parties du corps visées par le cauchemar (la poitrine et le sexe), des fonctions entravées par lui (respiration et locomotion), des positions du corps à éviter si l'on veut échapper au cauchemar (le sommeil sur le dos) et des opérations à entreprendre le lendemain pour s'en libérer. Nous pouvons également tirer de ces conceptions les thématiques les plus courantes des cauchemars.

— La *paralysie* est un thème récurrent de toutes les conceptions du cauchemar que nous avons croisées jusqu'ici. Il n'est donc pas étonnant qu'elle soit le thème le plus fréquemment représenté. Le rêveur est poursuivi, mais ne parvient pas à avancer – ses pieds s'enfonçant dans le sol, ou bien ses jambes étant paralysées, ou encore son corps entier refusant tout mouvement, et aucun son ne parvenant à sortir de sa bouche. Les cauchemars où le dormeur perçoit le besoin d'agir et se sent entravé, ces rêves de paralysie, donc, renvoient à des situations sociales d'agression dont la personne n'a pas réellement pris conscience durant la veille.

— L'*effondrement du support*, soit que le rêveur se retrouve au bord d'une falaise sans garde-fou, soit que le mur d'un appartement se situant à un étage très élevé se soit effondré, soit qu'il parvienne à son insu à l'emplacement de la rupture d'un pont… autant de situations où il se retrouve face au vide. Ces rêves de confrontation au néant sont également des interprétations de la vie sociale en référence à un événement antérieur d'abandon. C'est comme si le cauchemar signifiait à la personne : « Tout comme ta nourrice t'a une fois laissé tomber alors qu'elle aurait dû te tenir fermement pour te donner le bain, quelqu'un vient de te trahir »…

— La *rencontre avec des monstres*, souvent aux formes hybrides, ou ayant certaines caractéristiques provenant d'autres espèces animales. De telles rencontres peuvent réunir les deux thèmes précédents, le rêveur pouvant être poursuivi par un tel monstre sans parvenir à avancer ou bien être acculé durant cette poursuite à un vide. De tels rêves renvoient en règle générale à des caractéristiques cachées de personnages de la vie réelle du rêveur. Telle personne de son entourage qui se comporte envers lui avec la plus grande courtoisie est en vérité animée d'intentions malveillantes.

Telle autre avec laquelle il collabore tous les jours au bureau nourrit une véritable passion amoureuse pour lui qu'elle ne parvient pas à lui avouer, etc.

Ces quelques exemples, parmi les cauchemars les plus courants, illustrent à mes yeux le caractère extrêmement socialisé de ce type de rêves. Le lecteur a peut-être été étonné de mon insistance sur les conceptions très anciennes des rêves et des cauchemars. Je pense en effet que ces connaissances sont encore indispensables à qui veut s'aventurer dans l'interprétation des rêves. L'exemple suivant, issu de ma pratique clinique, illustrera l'actualité de ces vieilles idées.

La jeune fille et les paramilitaires

Je me suis rendu au Kosovo en 2000, peu de temps après la fin des hostilités, avec quelques membres de l'équipe d'ethnopsychiatrie pour animer une session de formation à la prise en charge des états de stress post-traumatiques consécutifs à la guerre. À cette occasion, dans un hôpital de Pristina, les médecins kosovars m'ont présenté une jeune femme, albanophone, d'une vingtaine d'années qui souffrait de troubles inquiétants. Elle ne dormait quasiment plus depuis dix mois et promenait sur ses interlocuteurs le même visage hébété, suppliant qu'on lui administre enfin le médicament qui lui permettrait de dormir. Elle racontait à chaque médecin, inlassablement, cette même histoire.

Trois paramilitaires serbes sont arrivés dans son village. On l'avait suffisamment prévenue que les Serbes tuaient les hommes valides et violaient les femmes. Lorsqu'elle les a aperçus au loin, prise de terreur, elle a pris la fuite. Ils l'ont aperçue, poursuivie, retrouvée, acculée dans une grange. Elle se tenait là, face aux trois hommes en treillis militaire, armés jusqu'aux dents, le visage barbouillé de noir, impressionnants. Le chef lui a fait signe de la main en disant : « Toi, approche un peu... » Elle aurait pu accepter et approcher ; elle aurait aussi pu refuser, se révolter, avec tous les risques de représailles que l'on imagine. Eh bien non ! Elle s'est évanouie. Que s'est-il passé durant son absence dont elle ne peut préciser la durée ? Ont-ils abusé d'elle avant de l'abandonner sans connaissance ? Elle ne peut l'affirmer, pourtant... Avec les médecins de l'hôpital, nous nous demandons : est-ce la honte qui l'empêche de se souvenir ? A-t-elle perdu toute mémoire ou n'a-t-elle jamais vécu les violences qu'on imagine ? Mais lorsque, apaisée par la présence des médecins, la patiente réfléchit, elle pense plutôt que les Serbes l'ont abandonnée là sans la toucher. Elle n'en est pas certaine, cependant. Nous nous demandons : n'est-ce pas précisément ce qu'elle aimerait croire ? N'ont-ils pas abusé d'elle, malgré tout ? Ne préfère-t-elle pas penser qu'ils l'ont abandonnée là sans lui prêter plus d'attention ? Quoi qu'il en soit, depuis cet événement terrible, sitôt qu'elle s'endort, aux toutes premières minutes de sommeil, elle les voit à nouveau s'approcher d'elle, ces trois mêmes paramilitaires menaçants, et se réveille en sursaut, trempée de sueur. Après ces premières minutes de sommeil angoissant, elle ne parvient plus à se rendormir. Et suit une longue nuit d'insomnie. Tous les cliniciens kosovars qui l'ont reçue depuis ont pensé qu'elle revivait durant ces images d'entrée dans le sommeil la scène désertée par ses sens.

Cauchemar recueilli au chevet de la patiente, qui plus est en situation. Je dis en situation car Pristina à cette époque respirait encore la guerre. Les chars étaient stationnés aux portes de la ville et les corbeaux sillonnaient le ciel par vagues. La peur était partout – dans le silence des habitants, dans le pas pressé, les têtes baissées des passants, dans la multitude des véhicules blindés immaculés frappés aux lettres des Nations unies…

Mais lorsque nous nous sommes engagés avec elle dans la description précise des sensations qu'elle éprouvait durant ce qu'elle appelait elle-même son cauchemar, elle s'est mise à décrire les images par le détail. D'abord, les paramilitaires serbes, puis une violente constriction de la gorge, une sensation d'étouffement, de brûlures sur le cou… Cela ne correspondait pas à ce que nous avions pensé. Nous imaginions des hommes se jetant sur elle, des sensations d'oppression, de poids. Nous avons insisté pour qu'elle nous décrive par le détail les sensations et toutes les images. Ce qu'elle évoqua alors, ce n'étaient pas les paramilitaires, qui disparaissaient aussitôt pour laisser place à un oiseau étrange, gigantesque, descendant du ciel et venant s'accrocher à son cou. D'où les sensations de constriction à la gorge, d'étouffement, et les brûlures, sans doute causées par les serres de l'oiseau.

Il a suffi que nous insistions pour qu'elle nous relate la totalité de ses images hypnagogiques. L'habitude de percevoir le rêve portant des informations sur le seul passé voilait le regard des cliniciens, les empêchant de poser les questions sur ses perceptions réelles et actuelles. Le rêve de cette femme contenait en vérité une information cruciale, que l'on pourrait résumer ainsi : la terreur éprouvée à la vue des paramilitaires serbes l'avait fracturée, avait ouvert une brèche dans laquelle s'était engouffré un être, un oiseau étrange, en albanais, la traductrice la reconnaîtra au premier récit : une *striga* (être en vérité proche de la sphinge grecque de laquelle elle a sans doute hérité bien des traits). Et cet être, qui avait profité de l'effraction des Serbes, revenait chaque nuit depuis. Reconnaître avec sérieux l'existence de cet être, évoquer sa nature avec la patiente, envisager les moyens concrets de le combattre et de s'en débarrasser a suffi à lui permettre de retrouver le sommeil cette nuit même. Je me souviens de la psychiatre kosovare qui s'occupait de cette malade depuis de longs mois se précipitant le lendemain à son chevet pour l'interroger… Cette séance l'avait-elle soulagée ? Avait-elle réussi à se reposer. Eh bien, elle avait dormi ! Enfin… Elle avait enfin dormi, et toute une nuit, qui plus est ! Si elle ne trouvait pas le repos depuis si longtemps, c'est que les cliniciens qui s'en étaient occupés jusqu'alors avaient interrompu leur investigation à l'apparition des Serbes et n'avaient jamais aperçu la strige qui se cachait derrière.

Les traitements

Les modes de manifestation du cauchemar, ses caractéristiques, les êtres qui sont réputés le hanter expliquent les recommandations que reçoivent les personnes qui en sont victimes dans les milieux traditionnels.

Je le répète, un cauchemar, à condition qu'il survienne une fois, n'est pas inquiétant ; il peut même quelquefois se révéler utile. Cependant, si une personne a déjà passé plusieurs nuits envahies de cauchemars, si de plus elle fait des cauchemars récurrents, soit identiques, soit très semblables, la situation nécessite d'être traitée. Mais que signifie « traiter un cauchemar » ? Il s'agit à la fois de soulager la souffrance qu'il provoque – les sentiments d'angoisse, l'invasion de la vie éveillée par des images quelquefois terrifiantes ou obsédantes – et de traiter sa cause, ce qui signifie l'interpréter comme un rêve.

Pour se débarrasser d'un cauchemar, ou plus généralement d'un rêve désagréable, les Grecs de l'Antiquité avaient l'habitude de partir en pleine nature le raconter au soleil, comme s'ils souhaitaient le « sécher », d'une certaine manière se débarrasser des miasmes qui continuaient à leur coller à la peau. Le monde musulman considère que le cauchemar est peu ou prou une rencontre avec un être satanique. Il préconise des rituels de purification beaucoup plus complexes, incluant toujours l'appel à Dieu et une recherche de rédemption pour les fautes commises. Dans l'un et l'autre cas, il s'agit cependant d'une demande d'interposition, d'un appel adressé à un être supposé plus puissant que celui croisé dans le cauchemar ; un être bienveillant vis-à-vis du rêveur. Si les Grecs avaient tendance à « sécher » les cauchemars, le monde musulman a plutôt tendance à les dissoudre. Certains préconisent de raconter son rêve devant la cuvette des toilettes avant de tirer la chasse d'eau. D'autres, de le « dissoudre » dans de l'eau ou de l'huile dans laquelle auraient été lues une ou plusieurs sourates du Coran, puis de partir déverser le liquide en pleine nature. Mais nous pouvons dire que ce sont là des traitements symptomatiques, qui ne peuvent que procurer des soulagements provisoires. Le deuxième type de traitement est plutôt préventif, destiné à éviter la réédition du cauchemar. Si la personne a rencontré des êtres de cauchemars, c'est qu'elle s'est aventurée dans le sommeil sans protection. Les recommandations chercheront alors à remédier à cette carence. On lui conseillera d'accomplir toutes ses prières avant le coucher, de s'imprégner l'esprit de textes religieux, de s'enduire le corps – et notamment la poitrine – de prières dissoutes. On dissout des prières dans un liquide de deux façons : soit en les prononçant à haute voix devant un récipient plein, soit en les écrivant avec une encre particulière sur une tablette de bois que l'on passe ensuite à l'eau pour recueillir la dilution de lettres.

Ce sont là des remèdes très anciens. Mais nos sociétés postmodernes n'ont fait disparaître ni les théories ni les pratiques anciennes ; il semble même qu'elles en aient potentialisé l'impact sur les populations en facilitant leur diffusion. Des centaines de sites Internet proposent des traitements prêts à l'emploi. Certains peuvent adresser, contre rétribution, des feuilles de sourates coraniques déjà écrites, qu'il suffira de tremper dans de l'eau pour obtenir la dilution, ou bien des amulettes déjà fabriquées, qu'il suffira de s'accrocher autour du cou. La fréquentation de ces sites en croissance exponentielle démontre l'importance de la demande en ce domaine, non seulement celle des populations récemment immigrées, que l'on pourrait supposer restées proches des pratiques traditionnelles, mais aussi la demande de la population générale qui souhaite obtenir des réponses concrètes et efficaces à de tels problèmes. L'acceptation par le public de la standardisation des thérapeutiques qui vient, depuis une vingtaine d'années seulement, rompre avec des traditions séculaires ne laisse pas d'étonner lorsqu'on sait combien ces traitements sont d'inspiration artisanale. Le spécialiste doit en principe rechercher la sourate qui convient, en présence de la personne, l'écrire de sa main, la préparer dans son lieu, l'accompagner de paroles et de recommandations spécifiques avant de la confier à son destinataire en usant de gestes rituels.

Le troisième type de pratique constitue le traitement de fond et ne peut en aucune manière se passer du lien si particulier qui se noue entre un rêveur et un onirocrite. Il s'agit d'identifier d'une part l'être du cauchemar ayant fait irruption, ses caractéristiques et si possible son nom, afin de mobiliser les forces susceptibles d'entraver son action. Il faudra ensuite comprendre la raison pour laquelle il a pu s'immiscer dans le sommeil de cette personne. Il conviendra à la fin de proposer une véritable interprétation selon les règles, mais je parlerai de cela plus loin.

CHAPITRE 4

Qu'est-ce qu'un rêve ?

« Je pense qu'il faut changer la flèche du temps. Selon la plupart des théories, le sommeil paradoxal est en rapport avec le passé (mémoire, oubli). Il faudrait le mettre en rapport avec le futur, ce qui permettrait d'introduire le concept de programmation. »

Michel JOUVET, *Pourquoi rêvons-nous ? Pourquoi dormons-nous ?*

Quelques données neurophysiologiques

À la question : qu'est-ce qu'un rêve ?, la réponse semble évidente. *C'est le témoignage de l'activité mentale durant le sommeil.* C'était déjà ce que nous avaient laissé comprendre les désignations grecques anciennes et arabes du rêve. *Enupnion* (grec) ou *mânam* (arabe) signifient tous deux « dans le sommeil », comme si ces langues avaient décidé de souligner que l'esprit ne s'interrompait pas durant le sommeil, qu'il se poursuivait sous cette forme spécifique qu'est le rêve. Ce rappel est d'autant plus important que la plupart des pensées traditionnelles de l'Antiquité considéraient le sommeil comme une préfiguration de la mort – une demi-mort, pour ainsi dire. C'est sans doute la raison pour laquelle, à son réveil, le croyant juif remercie Dieu dans sa prière de lui avoir restitué son âme. L'Antiquité craignait le sommeil comme si elle pensait que l'âme pouvait s'y égarer et ne plus réintégrer le corps de la personne.

Qu'est-ce qu'un rêve ? Il va de soi qu'il convient d'être très prudent dans nos définitions étant entendu que la seule preuve de l'existence du rêve est le récit du rêveur. Aucun dispositif expérimental ne permet (à l'heure actuelle) de « voir » le rêve d'un tiers. C'est pourquoi on ne connaît du rêve que son récit. Les recherches en neurophysiologie du sommeil qui se développent intensément depuis un demi-siècle sont à la fois venues apporter des éléments nouveaux d'une importance capitale, ont précisé pour une part des pensées anciennes, mais n'ont pas établi de vérité définitive pour ce qui concerne le rêve proprement dit, c'est-à-dire tel qu'il se présente au rêveur. Le fait est que ces recherches s'intéressent surtout au sommeil, à sa fonction, à ses désordres et aux possibilités d'y remédier. Quant au rêve, il reste aujourd'hui encore cet objet limite, entre illusion et scorie, et son contenu – son texte – intéresse peu les chercheurs modernes, notamment dans le domaine des neurosciences. Puisqu'il est toujours cette part qui échappe aux analyses, qui déserte les disciplines et finit toujours par se retrouver là où les professeurs détestent se rendre : dans le peuple.

C'est à partir de 1960 que les recherches sur le sommeil ont fait un bond décisif. L'exploration expérimentale a montré que le sommeil se déroulait suivant un cycle identique chez tous les êtres humains. On a pu établir l'existence de cinq stades du sommeil, se succédant selon un ordre spécifique pour constituer un cycle d'une durée de quatre-vingt-dix minutes. Pour ce qui concerne l'activité du cerveau, le sommeil débute par une phase d'endormissement brève. Le dormeur s'enfonce ensuite dans des phases de sommeil de plus en plus profond, l'activité cérébrale devenant de plus en plus lente. Ces stades, habituellement appelés « deux », « trois » et « quatre », débouchent invariablement sur un cinquième appelé « sommeil paradoxal » qui, du point de vue de la relaxation musculaire et du seuil de perception, est un sommeil très profond, mais durant lequel l'électroencéphalogramme révèle une activité cérébrale aussi intense que durant la veille. Ce dernier stade, étonnant dans sa double configuration, est appelé « sommeil paradoxal ». Une nuit de sommeil est constituée de la succession de telles périodes de quatre-vingt-dix minutes se terminant invariablement par un stade de sommeil paradoxal dont nous avons déjà vu qu'il était étroitement apparenté au rêve.

Trois types de sommeil nous intéresseront ici, que l'on peut reconnaître de manière objective à leur tracé électrique après avoir branché des électrodes sur le crâne du dormeur.

— L'entrée dans le sommeil, caractérisée par une température de 27 °C, très précisément à 1 millimètre de la surface de la peau, par un ralentissement du rythme cardiaque et par des ondes électriques spécifiques. C'est durant ce stade que l'on peut observer ces images accompagnant l'endormissement, dites « images hypnagogiques », que nous avons appelées « effervescences ». Nous avons également vu que certains cauchemars semblent apparaître durant ces moments d'endormissement.

— Le sommeil paradoxal, caractérisé par une disparition totale du tonus musculaire, accompagnée d'une activité cérébrale intense, stade durant lequel on voit apparaître de manière cyclique ces deux phénomènes typiques que sont les mouvements oculaires rapides et l'érection. C'est ainsi que le sommeil paradoxal est également appelé sommeil à mouvements oculaires rapides (W. Dement). Si on réveille la personne durant le sommeil paradoxal (ce qui est plus difficile qu'à n'importe quel autre moment de la nuit), on obtient très souvent des récits de rêve. C'est de cette dernière observation qu'a été tirée l'hypothèse, généralement admise, que c'est durant le sommeil paradoxal que se déroule la quasi-totalité de l'activité onirique.

— Il nous faut retenir que nous rêvons très régulièrement durant la nuit, toutes les quatre-vingt-dix minutes, quels que soient par ailleurs notre langue, notre culture, notre religion, notre habitat, notre degré d'alphabétisation, notre éventuelle adhésion ou non à la vertu des rêves...

— Le sommeil « lent profond », enfin, que l'on pourrait considérer comme le véritable sommeil, également reconnaissable à son tracé électroencéphalographique, comportant un train d'ondes lentes et de grande amplitude.

Ce type d'observation, que j'ai schématisé à l'extrême, a définitivement bouleversé le regard que nous portions sur le sommeil et sur le rêve. Il a d'abord établi :

— que le sommeil était un phénomène biologiquement programmé ;

— que sa durée n'était pas aléatoire, mais dépendait de la succession de stades également programmés ;

— que, s'il est vrai que le rêve proprement dit se déroule durant le sommeil paradoxal, nous devons admettre que l'activité onirique est également un phénomène programmé.

Reste à comprendre la fonction du rêve. Nous commencerons d'abord par celle du sommeil paradoxal durant lequel se déroule le rêve. Michel Jouvet a proposé à mon sens l'hypothèse la plus originale et la plus dynamique. Il est d'abord parti du constat que les propositions faites jusqu'alors étaient soit caduques, soit non pertinentes. Les théories affirmant par exemple l'importance vitale du rêve pour l'individu ont été contredites. Les personnes privées de sommeil paradoxal, soit du fait d'une lésion du tronc cérébral, soit du fait (bien plus fréquent) de l'absorption de certains antidépresseurs, peuvent poursuivre une vie normale et ne présentent ni troubles du sommeil ni troubles de la mémoire. Par ailleurs, les théories affirmant que le rêve est une façon de reconstruire la mémoire, soit en intégrant les nouveaux événements de la journée, soit en en oubliant certains dont le cerveau décide de se purger, ont également été réfutées. Ainsi avons-nous un phénomène général, le rêve/sommeil paradoxal, que l'on peut observer chez tous les mammifères et aussi, bien qu'à un degré moindre, chez les oiseaux – phénomène qui occupe un cinquième du temps de sommeil chez l'être humain et dont on ne comprend pas la fonction au moins biologique. Selon Michel Jouvet, le sommeil paradoxal permettrait au cerveau de se reprogrammer selon le schéma initial inclus dans son code génétique. Cette théorie expliquerait pourquoi certains animaux – les mammifères et les oiseaux – auraient besoin de cette fonction puisque, à la différence des autres cellules de leur organisme, les cellules de leur cerveau sont privées de la capacité de se régénérer. De ce fait, ces cellules risquent de se faire prendre dans des organisations, des systèmes contraires à la programmation génétique de l'individu. D'où la nécessité quotidienne du rêve, qui permet aux cellules nerveuses de redevenir elles-mêmes, pour ainsi dire, de venir se recaler sur leur programmation génétique initiale.

Si cette théorie se révélait vraie, nous devrions conclure que le rêve est une machinerie biologique permettant aux individus de se restructurer chaque nuit selon leur programmation originelle et donc de se réinitialiser en tant qu'individus génétiquement uniques, malgré une socialisation maximale. Cette théorie expliquerait que les plus longues périodes de sommeil paradoxal se retrouvent chez les animaux dont les petits naissent les plus prématurés – c'est-à-dire chez ceux dont les cellules nerveuses sont les moins matures à la naissance. Davantage donc de sommeil paradoxal – et probablement de rêves – chez le chaton que chez le jeune poulain, par exemple, immédiatement capable de courir sitôt sorti du ventre de sa mère. Cette théorie rend compte également du caractère à la fois général, très structuré et parfaitement cyclique de ces moments de sommeil paradoxal, puisque ces temps seraient indispensables à la préservation de l'espèce.

Envisagées d'un point de vue biologique, les périodes de sommeil paradoxal seraient un dispositif interne destiné à sauvegarder la programmation initiale par une autostimulation des cellules nerveuses. Reste tout de même une question. Pour répondre à quel type de nécessités un tel dispositif devrait-il déboucher *in fine* sur des contenus de type psychologique – le rêve ? Et une autre, corollaire de la première : les contenus psychiques du rêve gardent-ils des traces de cette fonction de sauvegarde de l'unicité biologique de l'individu ?

De ce très rapide survol des découvertes de la neurophysiologie moderne, nous devons retenir que sommeil et rêve sont des activités automatiques, dont le *déclenchement ne dépend en aucune manière de la personne.* Nous retiendrons également que, selon l'hypothèse de Jouvet, le rêve constitue un temps où la personne *dialogue* avec sa programmation génétique initiale, c'est-à-dire, d'une certaine manière, avec son « créateur ». Dernier point d'importance : cette période de rêve n'est pas tournée vers le passé de l'individu mais vers son avenir. Elle prépare la journée à venir de manière que ce soit lui, cet individu biologiquement singulier, qui la vive et non pas n'importe qui d'autre.

Si sommeil paradoxal et rêve étaient parfaitement superposables, si, de plus, l'hypothèse de Jouvet sur la fonction du sommeil paradoxal se révélait vraie, voici quelle serait alors la fonction psychique du rêve : *une machine destinée à faire en sorte que, demain, ce soit la même personne qu'aujourd'hui.*

Le culte du quiconque

Les malades m'avaient prévenu de longue date de cette religion qui était en train de s'imposer, et tout particulièrement en France : le « culte du quiconque ». Je me souviens de l'un de mes premiers étonnements lorsque j'ai commencé à travailler à l'hôpital psychiatrique, il y a maintenant bientôt quarante ans, du nombre de malades qui m'ont fait la même remarque. Au bout d'un certain temps, lorsqu'ils s'étaient habitués à ma présence – ce pouvait être au bout de cinq minutes ou bien de plusieurs semaines –, ils me demandaient : « Dites-moi, il y a quelque chose qui me dérange ici. Pourquoi m'a-t-on enfermé avec tous ces fous ? » On aurait pu penser ce type d'énoncé parole démente sortie d'une nouvelle d'Edgar Allan Poe. En vérité, il s'agissait d'un cri de révolte contre *le culte du quiconque.* Je me souviens de nous autres, psychiatres et psychologues – en ce temps-là, nous avions une formation psychanalytique –, souriant par-devers nous, pensant, ou même murmurant : « Il nie sa maladie. » Mais il ne s'agissait nullement de cela ! Ce que le malade contestait, ce contre quoi il se révoltait, c'était d'avoir été fourré d'office dans une catégorie, un groupe d'identiques – d'avoir été traité en « quiconque ». Ces personnes qui l'entouraient dans le service, les autres malades avec qui il avait été hospitalisé, ce n'étaient pas ses parents, pas ses amis, pas ses voisins. Il ne comprenait pas pourquoi on le considérait comme étant un des leurs. Lorsqu'il nous arrivait de discuter en profondeur avec l'un des pensionnaires de l'hôpital, il pouvait accepter de se penser malade, ou même plus précisément psychotique. Mais il considérait que ce n'était pas une raison ! « On peut naître ainsi ou peut-être même le devenir ; ce n'est pas une raison pour être transformé en quiconque. » En ce temps-là – et je n'en suis pas fier ! –, les patients étaient les seuls à percevoir ce diktat sémantique imposé par l'institution, par l'ambiance, par la pensée dominante, accepté par les thérapeutes. Les malades, quant à eux, étaient les seuls à le refuser, à se révolter.

« Ce n'est pas que je suis quelqu'un », s'écriaient-ils en silence par leur révolte, mais je ne suis pas « n'importe qui » ! Car, si l'on y réfléchit, il n'existe aucune raison de regrouper les malades qui relèvent de la psychiatrie dans un même lieu. On pourrait au contraire penser qu'ils se socialiseraient davantage en vivant dans une petite communauté villageoise, qu'ils trouveraient certainement le moyen de rendre service aux autres membres de cette communauté, malgré le handicap de leur maladie. En place de quoi, l'institution leur adressait un message dont ils ne pouvaient ignorer le contenu : « Vous êtes tous pareils et nous vous regroupons selon votre ressemblance. »

Comme toute religion, le « culte du quiconque » irrigue et fabrique la vie sociale. Il donne lieu à ces grands rituels publics que sont devenus les procès en cour d'assises. Il fixe aussi les normes des comportements sociaux, rappelés chaque jour par cette distillation ininterrompue de modèles de conduite que sont les informations télévisées.

France 2 – 20 heures : « Elle a tué son bébé âgé de 16 mois en l'étouffant dans la salle de bains. » En quoi une telle information me concerne-t-elle ? Pour quelle raison, chaque soir, me faut-il écouter une série de nouvelles ainsi calibrées, dont la seule fonction est de laisser émerger un quiconque ? Car, à écouter ce type de messages, la conclusion s'impose d'elle-même. La voisine que vous croisez dans votre escalier chaque matin, celle que vous saluez à la boulangerie ou dont le visage familier apparaît derrière le journal dans le métro, cette voisine pourrait se transformer en une furie infanticide. Si l'on tient à m'adresser cette information, c'est précisément pour m'amener à penser que la femme qui a commis la monstruosité pourrait être n'importe qui. Et pourquoi diffuser cette information au plus grand nombre, à l'heure de la plus grande écoute ? Précisément pour instiller cette même notion de « quiconque ». Et il s'agit d'agressions, de maladies incurables, de catastrophes naturelles… L'information n'est pas ici une invitation à connaître le monde, mais une obligation à penser une idée, à accepter un principe : cela pourrait m'arriver, comme à n'importe qui ! L'information est cette fabrique quotidienne d'une divinité impalpable et toujours présente à qui vouer un culte : le *quiconque.* Je suis persuadé qu'un jour on finira même par représenter son dieu ; on finira par ériger une statue représentant n'importe qui.

Je me sens viscéralement opposé à cette religion. Il me semble que, plus que toute autre, elle vient en contradiction avec l'une des nécessités vitales des êtres humains : la possession d'une « âme ».

Les informations télévisées ne sont pas seules à divulguer l'existence de cette divinité et les modalités de son culte. Le message parvient aussi par des instructions pratiques diffusées chaque fois que l'individu des sociétés postmodernes se retrouve dans une foule. Vous allez prendre l'avion, vous vous rendez à l'aéroport, préparez-vous ! À chaque pas, à chaque démarche, vous vous verrez rappeler que vous êtes un « quiconque ». On examinera vos papiers, non pas pour savoir qui vous êtes, mais parce qu'un terroriste peut être « n'importe qui ». Et si vous vous aventurez à exposer votre identité, à la revendiquer, vous serez immédiatement tenu pour suspect. Ici, on ne fait voyager que des « quiconque ». Et pour drainer les flux de « quiconque », on aménage des files bordées par des barrières de métal ou par de longs rubans de toile qui serpentent à l'infini dans des halls gigantesques. À chaque embranchement, à chaque endroit où vous pourriez vous échapper de ce statut, revendiquer une singularité, un gardien, un policier, un agent de sécurité viendra répéter l'énoncé fondamental. L'aéroport est réservé aux seuls « quiconque ». Et vous vous y conformez – tout le monde s'y conforme ! Non pas guidé par je ne sais quel désir de soumission, mais tout simplement parce que vous voulez voyager. Dans les sociétés postmodernes, obtenir ce que l'on désire passe nécessairement par une abrasion de toute revendication de singularité. Je peux obtenir n'importe quoi à condition de me penser n'importe qui.

Le sommeil paradoxal et le rêve

Voilà la fonction du sommeil paradoxal telle que l'a dessinée Michel Jouvet. L'espèce humaine a évolué dans le sens d'une plasticité et d'une socialité toujours plus grandes. C'est dans cette évolution que son système nerveux a acquis cette caractéristique de recevoir le stock entier de toutes ses cellules nerveuses à la naissance. Aucune possibilité par conséquent de régénération, de développement de nouvelles cellules, équipées du patrimoine génétique de l'individu. Concurremment, l'espèce humaine a évolué vers de plus en plus de vie sociale, de plus en plus complexe, au sein de groupements de plus en plus vastes. La socialité humaine à ses débuts était sans doute semblable à celle de hordes de babouins ou de macaques. Les groupes devaient être constitués de dix à cinquante individus. Les humains ont cependant évolué infiniment plus vite que leur biologie du fait du développement des langues et des cultures. Si bien que les groupements humains ressemblent davantage à des colonies de fourmis et de termites, tout en ayant conservé une biologie de primates. La pression que ce mode de vie exerce sur les schèmes biologiques de comportement s'accroît au fur et à mesure que se développent d'immenses sociétés humaines, toujours plus structurées, toujours plus organisées, toujours plus contrôlées. Le sommeil paradoxal est donc indispensable au rétablissement de la singularité génétique de chaque être humain d'autant plus qu'il vit dans des sociétés qui l'acculent à devenir identique à son voisin, comme celles des termites et des fourmis – à devenir un « quiconque ». On comprend qu'un biologiste tel que

Jouvet ait été sensible à l'importance du maintien de la diversité génétique de l'espèce. Je ne sais pas juger de la validité biologique d'une telle hypothèse, mais elle me semble ingénieuse et prend acte d'une difficulté ontologique de l'humain moderne. Qu'en est-il pour ce qui concerne le rêve proprement dit, c'est-à-dire, comme nous l'avons vu, quelque chose de bien plus évanescent que le sommeil paradoxal, un simple témoignage, le récit du rêve ?

Le rêve habite le sommeil paradoxal ; c'est là qu'il prend naissance, c'est là qu'il se déploie – c'est sans doute également de là qu'il tire ses caractéristiques. Il est par conséquent probable qu'il remplisse dans l'activité mentale de la personne une fonction comparable à celle que le sommeil paradoxal remplit pour son organisation biologique. Je prétends que le rêve est l'exact opposé de la contrainte à la « quiconquisation ». Si le « culte du quiconque » dans les sociétés postmodernes tend à gommer la singularité des personnes, la fonction du rêve consiste au contraire à *restaurer la personne dans sa singularité.* Telle est en toute probabilité la fonction psychologique du rêve. En ce cas, elle viendrait s'étayer sur sa fonction biologique.

Sachant cela, il nous faut maintenant considérer ce qu'il est possible de faire de l'énoncé d'un rêve. La distance paraît *a priori* considérable entre les considérations théoriques très générales que nous venons de développer et le récit d'un rêve tel qu'il peut être rapporté par un rêveur – à l'exception néanmoins de quelques caractères d'ordre général que nous pouvons distinguer dès à présent.

Le rêve est un phénomène strictement personnel. Nous avons déjà souligné combien un rêve était nécessairement une expérience singulière, à laquelle l'individu ne peut inviter de tiers ; il peut seulement l'évoquer par son témoignage.

C'est la caractéristique du rêve la plus importante, celle dont il nous faudra tenir compte à chaque fois que nous nous pencherons sur un rêve particulier. *Un rêve est équivalent à la personne elle-même dans sa singularité spécifique.*

Conséquences : *il n'existe pas de rêves typiques ;* ce serait contraire à la nature du rêve. Si les rêves de deux personnes sont identiques (en supposant que cela soit possible), c'est que les deux personnes sont identiques.

Deuxième caractère, *le rêve est un processus qui s'origine dans la nuit mais se poursuit tout au long de la journée*, puisque le rêve aurait pour fonction de faire en sorte que la journée soit celle de ce sujet singulier. Ainsi, le texte d'un rêve doit se lire en relation avec les lendemains (et non pas avec le jour précédent), car le rêve de la nuit laisse ses traces réelles le jour – jour qu'il contribue à construire. Bref, il nous faut reconsidérer le rêve, oublier toutes ces théories qui en font une digestion des événements de la veille, pour le penser comme un brouillon du lendemain.

Troisième caractère, *le rêve est interactif*, il est dans sa nature de l'être ! Tout comme le sommeil paradoxal permet aux cellules nerveuses de se connecter aux sources du patrimoine génétique, le rêve établit des connexions avec les constituants de la personne. Nous verrons lesquels plus loin.

Quatrième caractère, *les principales fonctions du rêve ont été mises en œuvre dans les différentes modalités de sa prise en charge culturelle*. Nous les avons parcourues rapidement : expérience singulière, il est une sorte de place publique nichée au cœur de l'individu ; il permet la rencontre avec des êtres à l'altérité radicale ; il est l'espace où divinités, esprits, démons et plus généralement êtres culturels peuvent manifester leur présence à la personne ; il est donc aussi facteur de socialisation quotidienne. Nous devrons considérer ces théories culturelles du rêve, telles qu'elles se développent et sont mises en pratique dans les sociétés éloignées, dans l'espace et/ou dans le temps, comme déclinant l'ensemble des possibles du rêve. D'où l'importance de changer notre regard, d'abandonner une posture qui cherche à atteindre une vérité monothéiste, qui rendrait caduques toutes celles qui l'ont précédée. Pour traiter du rêve, il nous faut au contraire adopter une pensée ouverte, où une même question admet plusieurs réponses, où des théories disparates cohabitent sans nécessairement s'articuler logiquement entre elles. Un univers de pensée qui ressemblerait à l'organisation d'une forêt primaire plus qu'à celle d'un jardin anglais.

Si nous voulons véritablement penser la question du rêve, et plus encore celle de son interprétation, il nous faut donc à la fois être au fait des dernières propositions de la recherche en neurophysiologie du sommeil et concurremment connaître, fréquenter, comprendre les traditions anciennes – parfois très anciennes – d'interprétation des rêves.

La question de l'interprétation du rêve

Il est parfaitement légitime de se demander si ce que nous appelons « rêve » – le récit du rêve, donc – possède la moindre signification. Si le rêve possède un sens, nous l'avons vu, celui-ci ne peut que découler de la rencontre avec des êtres, des forces d'une nature radicalement différente de celle du rêveur. La question de la signification du rêve, qui s'origine dans la philosophie grecque de l'Antiquité, a été clairement posée par Aristote et par Hippocrate. Aristote considérait cette rencontre très improbable. Il doutait que les dieux perdent leur temps à adresser des rêves à de simples mortels. Quant à Hippocrate, il voyait dans le rêve la conséquence de mouvements d'humeur internes à l'organisme, probablement causés par une nourriture trop abondante ou mal adaptée. Ces deux contestations de la validité de l'interprétation des rêves sont restées comme des modèles d'attitude critique. Elles ont été reprises sans relâche par tous les auteurs « rationalistes » qui se sont succédé depuis les Grecs anciens. Aujourd'hui, l'absence de signification des rêves reste l'opinion prédominante dans le milieu des recherches en neurophysiologie du sommeil – sans doute l'une des raisons du peu d'intérêt des chercheurs pour le texte des rêves ; la seconde étant évidemment la multiplicité intrinsèque des rêves (leur diversité est infinie) et la complexité inouïe d'une éventuelle classification. La position critique a été exposée de manière détaillée par un chercheur américain, spécialiste du sommeil, J. Allan Hobson, qui a publié en 1977 un premier article dans lequel il soutenait que le rêve ne servait à rien. D'après Hobson, si nous rêvons, c'est que, durant le sommeil paradoxal, le cerveau subit des stimulations très intenses alors même qu'il ne dispose pas des éléments d'évaluation auxquels il recourt durant la veille (absence d'informations sensorielles, inhibition de la motricité). Ainsi, durant le rêve, le cerveau se trouverait pour ainsi dire leurré par son propre fonctionnement et se comporterait face à ces autostimulations de la même manière qu'il le fait à l'état de veille devant un afflux d'informations : *en synthétisant du sens*. Pour Hobson, le rêve serait donc le résultat d'une erreur de jugement de notre fonctionnement cérébral. Si le rêve semble parfois renfermer du sens, c'est que la synthèse opérée durant le sommeil paradoxal recourt à des réseaux déjà établis, des connaissances, des structures apprises. Puisant dans les connaissances habituelles de la personne, un rêve reflète à la fois son univers propre et s'organise selon les structures de sa culture. Autrement dit, si le rêve semble parfois avoir du sens, c'est qu'il emprunte des significations et des cohérences dont se souvient notre fonction cérébrale. La position extrême défendue par Hobson, qui a le mérite de prendre en compte les résultats des recherches modernes, restera pour nous comme l'énoncé 0 de notre interprétation des rêves. Car, chaque fois que nous nous hasarderons à interpréter un rêve, il nous faudra simultanément nous demander s'il ne serait pas pertinent de n'y prêter aucune attention. Nous nous demanderons, autrement dit, si l'interprétation est plus économique que son absence.

Pour paraphraser Leibniz, la première règle d'interprétation devrait être : *dans ce cas précis, pour ce rêve dont je viens d'entendre le récit, pourquoi une interprétation et pourquoi pas rien ?*

Lorsque nous abordons la question de l'interprétation des rêves, nous sommes plongés d'emblée au sein d'une confrontation millénaire entre deux conceptions : l'une, plutôt traditionnelle, pour laquelle, dans le rêve, les êtres, les invisibles non humains, les divinités, véhiculent un message à la personne sur son avenir immédiat, et l'autre, d'abord philosophique, aujourd'hui « scientifique », pour laquelle le rêve est un reste, l'écume d'un mouvement chaotique et aléatoire surgissant des profondeurs, et la signification qu'on lui attribue, une illusion. Entre les deux, une conception, que je dirais intermédiaire, a occupé durant près d'un siècle le devant de la scène : la psychanalyse. Plus même, le succès populaire des propositions psychanalytiques a été un aiguillon permanent des recherches modernes sur la neurophysiologie du sommeil, comme si l'enjeu principal était de décider si la psychanalyse avait raison ou tort.

La conception psychanalytique du rêve est un hybride. Pour une part, elle se situe à l'aboutissement d'un processus de laïcisation et d'individualisation du rêve qui s'est particulièrement développé à partir de la Renaissance. Quelles que soient les références disciplinaires, philosophiques, psychologiques, psychiatriques ou biophysiologiques de ces textes, leur élan – et souvent aussi leur justification idéologique – était de venir contredire l'intolérable intervention d'un tiers au cœur de la personne, en son noyau. Aristote, déjà, ne supportait pas le caractère absurde de l'intervention de personnages aussi importants que des dieux dans des affaires infimes comme le destin singulier d'être humain au tréfonds de sa nuit. Aristote ne remettait pas en cause l'existence des dieux ; il ne niait pas leur intervention quelquefois dans le destin des hommes. Ce qui lui paraissait absurde, c'était que les dieux pussent intervenir dans le rêve d'un « quiconque ». Alexandre le Grand, d'accord, mais pas n'importe qui, tout de même !

Par la suite, et surtout à partir du XVIIIe siècle, les conceptions savantes du rêve sont parties rejoindre la pensée en marche, celle de la révolution bourgeoise, focalisant leur intérêt sur la seule personne du rêveur, l'individu, le citoyen. Sommé de devenir à son tour événement individuel, le rêve s'est fait solipsiste, élucubration désordonnée, chaos quotidien et parfois chaos nécessaire. Le texte que le psychiatre français Jacques Moreau de Tours a consacré au haschich en 1845 doit être considéré à la fois comme un tournant et comme un symptôme. Pour lui, le rêve est folie, folie quotidienne, transitoire et réversible, salutaire parfois, mais folie tout de même. Le rêve est une folie de la nuit, alors que le délire serait une folie de tous les jours, de tous les instants. Il compare cette folie passagère à une autre folie, une folie induite, celle déclenchée par l'absorption de cette substance qu'il découvre et dont il commence à tester les effets sur lui-même : le *haschich*. Au XIXe siècle, le rêve est cerné de tous côtés : par les poètes et bientôt par les surréalistes, par les psychiatres, les hypnotiseurs, les médiums, les spécialistes des psychotropes... Tous veulent lui faire rendre raison ; le convertir à la société qui vient.

La rupture que Freud prétend avoir introduite en 1899 dans son livre princeps, *L'Interprétation des rêves*, n'en est pas véritablement une. Freud ne fait que poursuivre le procès entamé au XVIIIe siècle, un procès politique, en laïcisation, en individualisation, en acceptation de l'inéluctabilité du chaos. On allait enfin admettre qu'il n'y a personne dans le rêve ; personne d'autre que le rêveur lui-même. Tout comme les dieux avaient été chassés de l'organisation politique de la cité, tout comme les êtres avaient disparu de l'espace fréquenté par les humains, les rêves devaient à leur tour être purgés de leurs présences parasites. Et si cette question revêtait une importance secondaire pour la pensée savante émergente, elle restait, comme elle l'est encore aujourd'hui d'ailleurs, très présente dans la pensée populaire. Le « peuple » continue à interroger ses rêves, à y rechercher l'intervention de tiers, à y guetter les signes des événements à venir. L'importance de la psychanalyse ne provient pas de sa nouveauté, mais de son succès auprès des gens du commun. C'est au peuple et non aux savants que s'est adressée la psychanalyse. Elle est en effet parvenue à convaincre une couche assez large de la population que les rêves sont vides d'êtres, que, s'ils contiennent des messages, ils ne proviendraient pas de tiers mais d'une partie enfouie de nous-mêmes : l'*inconscient*. La psychanalyse a donc réussi, parce qu'elle est en phase avec la laïcisation du monde, avec ce que Marcel Gauchet a appelé son « désenchantement ». Elle a réussi là où bien d'autres avaient essayé sans succès depuis au moins cent cinquante ans. Grâce à la fiction de l'inconscient, la psychanalyse a expulsé les non-humains des rêves des humains, convainquant presque de l'absolue solitude narcissique de l'homme dans ses rêves. « Presque », car Freud procède à cette épuration en consentant deux concessions. Moins extrême que ceux qui l'ont précédé, il préserve deux éléments fondamentaux des « clés des songes » circulant dans le peuple depuis l'Antiquité : *l'intérêt pour le contenu du rêve et la possibilité de son interprétation*. C'est par cette double promesse, de continuer à écouter le texte des rêves et d'y trouver une signification qui concerne le rêveur, qu'il réussit à accrocher l'intérêt du commun.

Théorie psychanalytique du rêve

Pour Freud, le rêve est l'expression, déformée, maquillée, la mise en images et en récit, d'un désir refoulé du rêveur. Sa théorie est d'une cohérence remarquable dans sa pureté. Le schéma est le suivant : le dormeur est dérangé par le surgissement d'un de ses désirs refoulés – surgissement rendu possible par la baisse de la censure durant le sommeil. Devant une expression trop explicite du désir, le moi pourrait prendre peur et déclencher le réveil. En se livrant à ses déformations, le rêve assurerait une certaine réalisation hallucinatoire du désir tout en le rendant méconnaissable au « moi ». En réalisant un compromis, une réalisation du désir sous forme hallucinatoire tout en préservant les exigences de la censure, le rêve parviendrait à sauvegarder le sommeil, mais au prix d'une double tromperie. Il déjoue la vigilance du moi en lui passant sous le nez la pulsion en contrebande ; il apaise la révolte instinctuelle en lui offrant un ersatz de satisfaction, à peine hallucinatoire et si éloignée du désir. Tout cela pour sauvegarder le sommeil, ce serait là sa fonction principale. Voici donc les deux mots clés de la théorie freudienne du rêve : sa nature – *l'expression hallucinatoire du désir* – et sa fonction – *la sauvegarde du sommeil.*

Logomachie spectaculaire dont il est difficile de pénétrer la raison dernière et de justifier les implicites, la force de la théorie freudienne est d'avoir réussi un hybride cohérent. Elle a en effet vidé le rêve, celui des auteurs antiques, de ses êtres, mais elle a conservé l'intérêt pour son texte et la promesse d'une interprétation.

La richesse véritable de la théorie freudienne provient de sa description détaillée des mécanismes de déformation auxquels recourt le rêve. En présentant des opérateurs de transformation, qu'il désigne et décrit, Freud offre du même coup des voies à l'interprétation. Celle-ci défera le travail qu'aurait accompli le rêve. Là où il maquillait, déformait, inversait, condensait, déplaçait, l'interprétation devra rétablir un texte jusque-là caché. Le but de l'interprétation est ici de restituer le désir du rêveur, libéré des déformations que lui a fait subir le « travail du rêve ». L'immense succès de cette théorie provient du fait qu'elle promet une interprétation du rêve compatible avec la nouvelle société qui monte, une société enfin débarrassée de ses diables, de ses dieux et de ses invisibles. Elle promet une interprétation du rêve qui concerne le sujet seul – un homme nu, sans famille et sans propriétaire, qui est aussi, nous le savons, le citoyen et le consommateur.

Le problème est qu'une telle interprétation ne révèle jamais rien. Les désirs, refoulés, inconscients, mis au jour par l'interprétation psychanalytique sont les mêmes pour chacun. L'interprétation psychanalytique échoue dans la restitution de la singularité. Car toute interprétation psychanalytique menée à son terme parviendrait à l'un des « fantasmes originaires » répertoriés (ou susceptibles de l'être). Un interprète psychanalytique de rêves dispose d'une théorie cohérente, d'une méthode complexe, mais n'a rien à offrir *in fine* à son client – rien surtout qui le restaure dans son unicité. Rien de singulier, donc, rien de plus que ces énoncés dont chacun peut prendre connaissance dans des ouvrages de psychanalyse. L'interprétation psychanalytique s'adresse non pas à *chacun*, comme les « clés des songes » héritées de l'Antiquité, mais à un « quiconque » – alors que le rêve, nous l'avons vu, ne peut être que celui d'un « quelqu'un ». De plus, en tant que matrice d'interprétation des rêves, la psychanalyse présuppose l'ignorance du public, car les révélations qu'elle tenait en réserve ont fini par tomber dans le domaine public. La psychanalyse s'use avec le temps, ayant laissé diffuser l'essentiel des interprétations disponibles au travers des publications et des récits des usagers. Elle n'est par conséquent pas compatible avec un temps de circulation rapide des informations au travers des médias et des réseaux sociaux.

Quant au texte du rêve, que la psychanalyse désigne comme « contenu manifeste », le récit qu'en donne le rêveur, sa part évidemment la plus personnelle, là où sans doute s'exprime la singularité de la personne, la psychanalyse ne s'y intéresse que pour s'en détourner aussitôt. Gilles Deleuze et Félix Guattari, dans une analyse à la fois magistrale et caustique, s'étonnent que, devant le rêve de « l'homme aux loups », qui raconte six loups perchés sur un arbre, Freud ne s'intéresse en aucune manière aux loups, à leur écologie, à leur comportement, ni à l'arbre, ni à la neige. Puisqu'un loup n'est pas un loup et un arbre pas davantage un arbre, pourquoi s'arrêterait-il sur les loups ?

En ce qui concerne la méthode de traitement de l'objet-rêve, Freud a beaucoup emprunté aux onirocrites de l'Antiquité, notamment à Artémidore de Daldis. Il a emprunté par exemple l'idée que le travail du rêve, dans son procès de mise en images, était très souvent un travail de la langue. On attribue à Freud l'idée que la mise en images du rêve suit un parcours de jeux de mots, de calembours, de significations se structurant en une sorte de rébus ; cette idée est en vérité l'une des principales propositions d'Artémidore. Freud lui emprunte également que bien des représentations géographiques du rêve sont des métaphores corporelles. Cependant, lecture trop rapide, mauvaise compréhension de la démarche d'Artémidore ou obnubilation par sa propre poussée théorique, Freud néglige ce qui, chez Artémidore, est l'essentiel – non pas la langue, non pas les fonctions corporelles, mais la prédictivité du rêve. Pour Artémidore, l'interprétation d'un rêve doit nécessairement déboucher sur une prédiction. C'est précisément en cela qu'elle constitue une restitution singulière puisqu'elle énonce une part du destin de la personne. Alors que le rêve de Freud révèle ce qui exprime la part commune d'humanité – les pulsions, les fantasmes, les désirs dans ce qu'ils ont d'identique d'une personne à une autre –, celui d'Artémidore dévoile ce qui adviendra en propre à cet individu singulier demain. Le rêve de Freud contribue à transformer la personne en « quiconque », celui d'Artémidore la consacre en un quelqu'un – honneur excessif, pensait Aristote.

Les éléments d'une conception du rêve indispensable à une pratique de l'interprétation

La comparaison entre trois grandes lignées de conception du rêve nous a mis sur la voie d'une conception générale du rêve.

— Il est impossible pour l'heure de se prononcer de manière précise sur la nature du rêve. On conservera la proposition minimale, susceptible d'être acceptée tant par l'onirocrite « traditionnel » que par le neurophysiologiste : *le rêve est la trace du fonctionnement de l'esprit (du « cérébral ») durant le sommeil.* Corollaire à cette définition minimale : *le rêve permet le maintien de l'identité durant le sommeil.*

— En ce qui concerne la fonction du rêve, nous retiendrons une conception compatible tant avec l'hypothèse neurophysiologique développée par Michel Jouvet que, bien que de manière plus éloignée, avec les implicites des « clés des songes de l'Antiquité ». *Le rêve aurait pour principale fonction de régénérer l'identité singulière de la personne.*

— Le rêve possède un certain nombre de caractères premiers dont toute interprétation devra tenir compte : *singularité, prédictivité, interactivité, référentialité.*

1) *Singularité :* il est toujours l'expression de l'irréductible singularité de la personne. Aucune interprétation d'un rêve n'est crédible si elle ne parvient à restituer cette singularité.

2) *Prédictivité :* il partage avec la rêverie éveillée, le « fantasme », la capacité de se projeter dans le temps, de dresser un brouillon de la destinée. Ainsi, toute interprétation devra rechercher la façon dont le rêve se poursuit en traces réelles – voire concrètes – dans la vie éveillée.

3) *Interactivité :* mécanique interactive, le rêve connecte la personne avec ses constituants – et en premier lieu avec ses constituants culturels. Il n'est donc pas étonnant que les dieux grecs apparaissaient dans les rêves des Grecs, que le dieu juif soit le principal interlocuteur des rêves juifs et que le dieu musulman soit si présent dans les rêves musulmans. Déjà Artémidore attirait l'attention sur l'importance de connaître la langue, la culture et les coutumes du rêveur avant d'interpréter son rêve.

4) *Référentialité :* à l'image du déchiffrage d'un message codé, l'interprétation d'un rêve nécessite de disposer d'un corpus de référence. Toutes les méthodes d'interprétation du rêve disposent d'un tel corpus, mythologique, religieux ou « scientifique ».

Étant acquis ce que nous avons appris de sa nature, de sa fonction, des caractéristiques indispensables à son traitement, les méthodes d'interprétation proprement dites présupposent de nouvelles hypothèses sur les mécanismes du rêve. Nous en découvrons une, indispensable, chez des chercheurs modernes, des cognitivistes à la démarche originale, ayant entrepris de soumettre le texte du rêve à une investigation systématique.

Dans un article datant de 1991, « Rêve et résolution de problèmes », Jacques Montangero a présenté les recherches menées dans son laboratoire sur la capacité du rêve à résoudre les problèmes de la vie éveillée. Il remarque d'abord que les textes des rêves sont beaucoup plus structurés qu'on le suppose ordinairement et surtout bien plus logiques. Il rappelle ensuite toute une série de travaux sur les fonctions cognitives du rêve qu'il résume en proposant une définition nouvelle du rêve. D'après lui le rêve serait une opération mentale consistant à « produire de fausses perceptions en assemblant de manière nouvelle des éléments de mémoire et de connaissance générale ».

Soulignant les capacités de réorganisation cognitive, il décompose le travail du rêve en séquences logiques : 1) sélection d'éléments signifiants – le rêve choisit dans les éléments disponibles un certain nombre de souvenirs, de connaissances, de concepts ; 2) mécanismes d'intégration – selon une règle d'économie, le rêve fusionne ces éléments pour constituer des scènes dynamiques composites ; 3) production d'images – à partir des combinaisons nouvelles qu'il a fabriquées, le rêve produit des images mentales précises et des contenus verbaux. Montangero conçoit par conséquent les mécanismes de formation des rêves comme un ensemble de processus cognitifs intenses et très rapides. La formation d'un rêve pourrait ainsi être schématisée comme la sélection d'éléments de connaissance et leur assemblage dans de nouvelles constructions selon une logique spécifique.

Une telle conception du rêve procède à un total changement de perspective. Cette fois ce sont les mécanismes cognitifs du rêve qui sont objets d'investigation et non plus les tensions affectives. Elle a le mérite de souligner que, toutes les nuits, l'être humain passe une heure et demie à remâcher ce qu'il sait déjà, à le décomposer pour le recombiner inlassablement jusqu'à aboutir à des récits nouveaux qu'il se présente ensuite à lui-même comme des perceptions. Plus encore, Jacques Montangero focalise son attention sur les capacités créatrices du rêve qui invente, de fait, une néoréalité constituée d'une combinaison originale d'éléments réagencés.

Arrive maintenant sa recherche expérimentale proprement dite. Impressionné par cette créativité singulière, il entreprend d'explorer la capacité du rêve à résoudre des problèmes de la veille. Pour ce faire, il « imprègne » d'un problème non résolu des sujets volontaires pour l'expérimentation. Il s'agit d'énigmes logiques présentées au sujet, qu'il n'a pu résoudre durant la veille. L'expérimentateur les lui pose à plusieurs reprises avant le sommeil. Puis il le réveillera environ dix minutes après le début de la phase de sommeil paradoxal, au moment de l'apparition des mouvements oculaires rapides, lui demandant de raconter son rêve. Il répétera la même procédure chaque fois que réapparaîtra une séquence de sommeil paradoxal, et cela jusqu'à quatre fois durant la même nuit. Les conclusions de cette expérience sont multiples : 1) l'énigme posée avant l'endormissement se retrouve de manière statistiquement fréquente dans les rêves de la nuit ; 2) lorsque le rêve, dans son scénario, comporte une solution, le rêveur réussit en général à trouver la solution de l'énigme au réveil ; 3) si le sujet n'a pas fait de rêve reprenant l'énigme posée avant l'endormissement, ses chances de résoudre l'énigme sont beaucoup moins élevées que lorsque cette énigme a été reprise dans son rêve.

Cette recherche, tout comme un certain nombre d'autres portant sur les mécanismes cognitifs des rêves, me paraît cruciale dans notre entreprise de construction d'une théorie du rêve préalable à l'interprétation. Elle vient rappeler des observations célèbres sur les découvertes dont le déclic s'origine dans un rêve. La plus connue est une découverte scientifique, celle du chimiste allemand Kekulé qui, ayant fait le rêve d'un serpent se mordant la queue, se réveilla avec l'idée de la structure moléculaire du benzène qui, comme on le sait, est de forme circulaire. De même l'invention de la machine à coudre aurait-elle également un rêve pour origine. Elias Howe rêva en effet qu'il était captif d'indigènes qui exécutaient devant lui une sorte de danse. Ses ravisseurs tenaient chacun une lance dont la pointe était percée d'un trou à son extrémité – trou par lequel passait une corde reliant toutes les lances entre elles. En se réveillant, il eut l'idée qui permettait de concevoir la machine à coudre : il fallait percer le chas à l'extrémité pointue de l'aiguille et non à l'autre, comme pour les aiguilles à coudre. Pour accepter qu'il ne s'agit pas ici de coïncidences mais de l'illustration d'une capacité du rêve à créer des propositions nouvelles, Montangero propose une théorie argumentée des processus cognitifs à l'œuvre dans les rêves. Sa théorie confirme et enrichit celle qui se dessinait pour nous jusque-là.

Nous retiendrons que le rêve ne fait pas qu'exprimer, ne se contente pas de reproduire, il crée.

Des processus cognitifs spécifiques agissent intensément à la production du rêve. L'un de ces mécanismes est la réorganisation des éléments en des combinaisons nouvelles, donnant lieu à ce qu'il faut bien appeler un scénario, ensuite mis en images et en mots. Les conséquences du rêve sont observables dans la vie éveillée ; elles sont même mesurables et ont donné lieu à des investigations spécifiques et à des expérimentations.

D'après Montangero, il existe deux types de résolution de problèmes. La solution qui survient au décours d'une démarche fixe dont on connaît les étapes, qui découle par conséquent de l'application d'un algorithme, et celle qui implique une intuition, une compréhension soudaine, inattendue, incontrôlée – un *eurêka*. L'expérimentation relatée dans son texte nous convainc que le rêve facilite le surgissement de telles intuitions. Le rêve ne serait pas seulement création, il serait aussi facilitation de la création de la veille. Les artistes le présupposaient qui ont souvent exploré leurs rêves à la recherche de nouvelles idées. A. E. Van Vogt, le célèbre écrivain canadien de science-fiction, avait même, d'après ce qu'il rapporte dans un texte autobiographique, « mis son inconscient en perce ». Il avait délibérément réglé son réveille-matin pour sonner toutes les quatre-vingt-dix minutes afin de ne rien perdre de chacun de ses rêves de la nuit, qu'il utilisait ensuite dans la création des mondes extraordinaires décrits dans ses romans.

Nous retiendrons enfin qu'*il est possible d'interroger ses rêves*, ce que les kabbalistes savaient déjà, comme nous le verrons plus loin. Montangero imprègne le sujet de l'énigme qu'il n'a pas réussi à résoudre afin qu'elle soit reprise en rêve. Et le rêve lui répond très souvent en intégrant l'énigme aux rêves de la nuit.

Qui veut utiliser ses rêves doit donc apprendre à les questionner. Il doit aussi accepter de les recueillir là même où ils s'expriment, c'est-à-dire aux premiers instants du réveil, avant la pénétration du monde dans l'esprit du rêveur.

CHAPITRE 5

Les corpus de référence

Divination

Dans de très nombreuses traditions culturelles, le rêve est un dispositif divinatoire. On attend de lui qu'il annonce les événements à venir, pour le rêveur, mais aussi pour les personnes de son entourage, ceux dont il a la responsabilité, ou même pour la collectivité à laquelle il appartient. Or les dispositifs divinatoires s'appuient sur des corpus de récits mythologiques complexes, transmis oralement de génération en génération, comportant des personnages, des noms et des récits. Si on prend l'exemple de l'un des dispositifs divinatoires les plus sophistiqués que nous connaissions, le *Fa* (ou *Ifá*) des populations yorubas du Sud-Bénin et du Nigeria, on constatera qu'il est composé de plusieurs séquences : l'interrogation des éléments, la lecture objective des messages et l'interprétation proprement dite. Tout commence donc par la façon de poser la question. Le devin interroge *Fa*, qui est le nom d'une divinité, un enfant, dont le corps est seulement fait de chair, sans muscles et sans squelette, pour signifier, sans doute, que cette divinité ne souffre d'aucune rigidité, ne se plie à aucune pesanteur, n'est contrainte ni par sa conformation ni par le monde. Si elle ne peut se mouvoir, elle ne saurait se tromper ni mentir. *Fa* est ainsi réputé dire toujours la vérité. Et, pour interroger *Fa*, le devin dispose de plusieurs instruments. Le plus courant est le chapelet constitué de huit demi-coques de noix de palme reliées en deux groupes de quatre par une cordelette. Le devin lance les noix dont chacune tombe sur le sol, en présentant soit son dos, soit son ventre. Si l'on symbolisait le dos par 1 et le ventre par 0, on pourrait noter les différentes figures possibles selon un code très semblable à nos modèles informatiques. [11, 11, 11, 11] serait la pre-

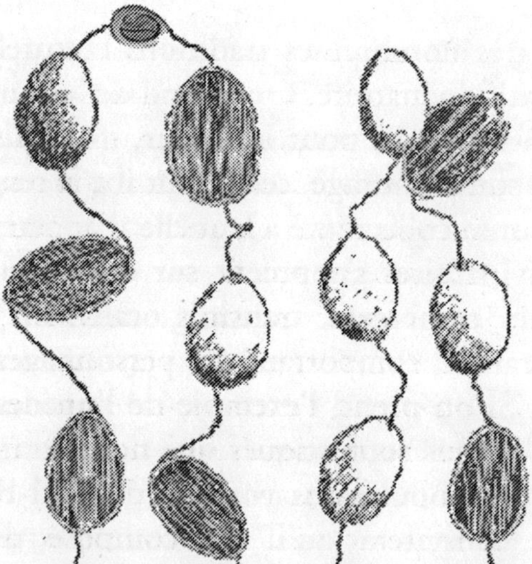

Chapelets du *Fa*.

mière figure dans laquelle toutes les demi-coques auraient présenté leur dos alors que [00, 00, 00, 00] serait celle où toutes les demi-coques auraient présenté leur ventre. À chaque jet, nous obtiendrons une parmi les deux cent cinquante-six combinaisons possibles, telles que [01, 00, 00, 00] ; [11, 00, 00, 00], etc.

Chaque combinaison 1) a un nom, 2) renvoie à un corpus de récits impliquant des divinités et des héros de la tradition yoruba ; 3) est associée à des formules ésotériques, souvent en langue ancienne ; 4) se réfère à des objets spécifiques tels qu'amulettes, objets de protection, etc ; et 5) implique des actions soit sur le propre corps du demandeur (bains, purifications, scarifications, fumigations), soit 6) dans le monde (sacrifices végétaux ou animaux, par exemple). On peut maintenant dérouler la séquence divinatoire : le devin interroge *Fa* en lançant son chapelet de demi-noix ; il obtient l'une des combinaisons et identifie les récits de référence. Une fois en possession de ces formules, il lui appartiendra pour finir de construire une interprétation spécifique adressée au seul demandeur.

Ce modèle, magistralement décrit en 1943 par Bernard Maupoil dans son ouvrage célèbre *La Géomancie à l'ancienne côte des Esclaves*, reste aujourd'hui encore la trame à partir de laquelle comprendre bien d'autres dispositifs divinatoires. Dans les dispositifs traditionnels d'interprétation des rêves, ce type de procédure est appliqué quasiment de la même manière. L'interprète de rêve recherche dans le récit les éléments connus du corpus de référence et, une fois trouvés, applique au rêve la logique impliquée par la séquence entière. Ainsi, malgré ce qui a été souvent écrit au sujet des « clés des songes » traditionnelles, notamment qu'elles étaient des sortes de dictionnaires absurdes, délivrant des équivalences de manière aléatoire, on découvre, pour peu que l'on accepte de pénétrer l'ambiance culturelle dans lesquelles elles se déploient, qu'elles reprennent systématiquement les éléments d'un corpus de référence, interrogé, passé au tamis du rêve soumis à l'interprétation et finalement rapporté au rêveur.

Il va de soi que dans un univers culturel où figurent des dispositifs divinatoires aussi sophistiqués que le *Fa*, les rêves sont également interprétés selon cette même méthode – soit que l'interprète de rêve interroge le *Fa* au sujet du rêve, selon la procédure décrite, soit qu'il traite le rêve comme s'il était déjà l'un des énoncés du *Fa*. Un guérisseur béninois, de la région d'Abomey, me l'a un jour expliqué en une phrase : « Pour interpréter un rêve, m'a-t-il dit, je ne fais rien, c'est le *Fa* qui fait tout. Je me contente de lire » (T. Nathan, L. Houkpatin, *La Guérison yoruba*).

J'ai choisi cet exemple pour montrer la complexité des procédures traditionnelles de divination, articulées à plusieurs niveaux : aux mythes et aux récits, aux rituels et aux procédures d'adoration des divinités, à l'ambiance générale, enfin. Prononcer une divination, c'est bien sûr exprimer un énoncé sur l'avenir de la personne, mais c'est dans un même mouvement la rattacher à ses appartenances culturelles, à ses divinités, à ses saints et à ses diables. En désignant le rêve comme une sorte de prophétie individuelle – Chélomo Almoli, à la suite de bien d'autres, rapporte l'énoncé talmudique selon lequel le rêve est la soixantième partie de la prophétie –, les sociétés de l'Antiquité, babyloniennes, égyptiennes, grecques, romaines, ont toutes opté pour ce type de rattachement. Car, il ne faut pas s'y tromper, pour ces sociétés, le rêve est avant tout divination, (petite) prophétie, lieu d'échanges avec les divinités et les invisibles – du moins, comme on l'a vu, le rêve qui mérite l'attention de l'onirocrite. Mais ce qui nous intéressera ici n'est pas tant ce choix que la façon dont se déroule la divination, les références qu'elle mobilise, les implicites logiques qui la conditionnent.

Nous pouvons tirer une nouvelle règle : *pour interpréter le rêve d'une personne donnée, il faut aussi disposer d'un corpus mythologique de référence dans lequel puiser personnages et récits*. Je prendrai ici un seul exemple, mais il est célèbre ! Les Grecs disposaient, dans leur corpus mythologique, de plusieurs récits dans lesquels un homme s'accouple à sa mère. Le plus connu est évidemment celui d'Œdipe, dont tout le monde sait que, selon la légende, il tua son père et épousa sa mère. Ce récit connut un grand nombre de variantes. Celle qui survécut, immortalisée dans la tragédie de Sophocle, *Œdipe-Roi*, raconte que, n'ayant pas été élevé par ses parents, qui l'avaient exposé à sa naissance, Œdipe grandit loin de chez lui, ignorant donc, au moment de commettre ces actes, que c'était son père qu'il tuait et sa mère avec laquelle il s'accouplait. Pour un Grec de l'Antiquité, ce récit était clairement mythologique et certainement pas exemplaire. Il ne contenait aucun implicite du type « nous sommes tous des petits Œdipe ». Bien au contraire, Œdipe faisait partie de ces héros, fondateurs des cités, au destin exceptionnel, que l'on regardait avec stupeur et déférence. On cherchait certes des explications symboliques aux actions de tels héros. Il circulait par exemple la théorie selon laquelle l'ensemble du récit œdipien mettait en scène l'amour de l'homme pour sa patrie, celle qui l'a vu naître. Ainsi Œdipe, élevé loin de sa terre, aurait-il pu couler des jours heureux à Corinthe, élevé par le roi de l'endroit et héritant sans doute du royaume. Mais non ! Sans même le savoir, une force incoercible l'attirait vers Thèbes, sa ville natale, dans laquelle il finit par revenir, dont il tua le roi, son père, et épousa la reine, sa mère. Pour un Grec ancien, Œdipe était la représentation exacerbée de l'amour pour la mère patrie, un amour qui alla si loin qu'il finit par s'exprimer sexuellement. Non seulement il revint à Thèbes, la ville de sa naissance, mais il y revint absolument, totalement, jusqu'à pénétrer le ventre de sa mère dont il sortit un jour, jusqu'à disparaître à la fin de sa vie englouti par la Terre mère, jusqu'à constituer le terreau sur lequel s'élèvera la ville. Ainsi le récit œdipien, tel que le percevaient les Grecs de l'Antiquité, utilisait-il l'accouplement avec la mère comme représentation de l'attraction de la Terre mère et le parcours d'Œdipe comme une démonstration du caractère inéluctable du retour. L'*Odyssée*, récit de cette obsession du retour à la terre natale malgré les attraits du voyage, pourrait même être considéré comme une variante de la légende œdipienne. Les Grecs étaient manifestement très impressionnés par un tel récit, mais n'y voyaient en aucune manière l'illustration d'une éventuelle attirance sexuelle du garçon pour sa mère. J'en veux pour preuve les pages qu'Artémidore de Daldis consacre aux rêves d'Œdipe dans sa *Clef des songes*.

> Pénètre-t-on sa mère en rêve, chair contre chair, dans la position que certains disent conforme à la nature, et alors qu'elle vit encore [...] si le père est malade, il mourra : car celui qui a vu ce rêve aura la tutelle de sa mère à la fois comme fils et comme mari (p. 89).

> Pénétrer sa mère après l'avoir retournée n'est pas bon : car c'est la mère elle-même qui se retournera contre le songeur, ou bien la patrie, ou encore le métier (p. 90).

> Pénétrer sa mère alors qu'elle est posée en haut sur vous et qu'elle vous chevauche, certains disent que cela indique mort pour le

songeur : car la mère ressemble à la terre, puisque la terre est la nourricière et la génératrice de toute chose. Or ce sont les cadavres que la terre recouvre et non les êtres vivants (p. 90).

Il est facile de voir dans les interprétations d'Artémidore les thèmes de la tragédie de Sophocle, jusqu'aux équivalences mère-patrie, mère-métier, mère-terre. On comprend comment il construit ses interprétations à partir des récits que contient son corpus de référence. Artémidore ne fait jamais mention, cependant, d'un éventuel désir sexuel du rêveur pour sa mère, évidemment absent de son corpus.

À partir de cet exemple, nous pouvons comprendre comment travaille un interprète traditionnel de rêves. Il s'informe du monde du rêveur (son père est malade), il désarticule les éléments de son rêve (il retient l'accouplement avec la mère face à face), puis il part à la recherche d'éléments signifiants, rappelant ceux du rêve, dans le corpus mythologique que, dans ce cas, il partage avec le rêveur. Au décours de son analyse, il décide que le rêve qu'on lui a proposé correspond à ceux qu'Artémidore désigne comme étant des « rêves d'Œdipe ». Le résultat est une formulation de type divinatoire, mais qui ne se cantonne pas à la seule prédiction. S'il signifiera que le rêveur perdra son père, il l'invitera par exemple à se réconcilier rapidement avec lui, avant sa mort. Il lui conseillera de le traiter avec tous les égards qui lui sont dus. Il l'invitera peut-être à avoir un nouvel enfant, selon la logique « le mort revient dans ses descendants ». Plus encore, cette prédiction deviendra une contrainte. Car, aussi longtemps que le rêveur ignorait que son père allait mourir, il ne pouvait se reprocher son indifférence, mais, dès lors que la prédiction a été formulée, il ne saurait résister plus longtemps aux obligations familiales.

Dans un tel contexte, le rêve constitue non seulement une information, mais aussi une contrainte à agir. Nous pouvons dire que, après l'interprétation divinatoire annonçant par exemple la mort prochaine de son père, le rêveur vient de contracter une dette morale dont il ne pourra s'acquitter qu'en accomplissant ce que préconisait l'interprétation.

L'interprétation traditionnelle du rêve constitue un double rattachement, temporel et culturel. Elle permet au rêveur d'assurer la continuité entre le monde de sa nuit et celui de ses jours. Elle le rattache aussi, par le recours au corpus mythologique (ici le récit œdipien), aux constituants culturels de son monde.

Les corpus traditionnels, constitués de récits mythiques, de personnages exceptionnels, d'actes héroïques, renferment des équivalences (dites « métaphores » ou « symboles »), des séquences logiques, des matrices de récit, indispensables à l'onirocrite. Tout comme le spécialiste du *Fa*, l'interprète de rêves dispose nécessairement d'un corpus, cohérent avec le monde culturel dans lequel il baigne, un corpus qu'il maîtrise. Mais se pose à ce point la question complexe des traductions. Que devient par exemple le corpus grec, implicite tout le long de la *Clef des songes* d'Artémidore, lorsque l'ouvrage est traduit, du grec au latin d'abord, puis dans les langues européennes du Moyen Âge, puis en arabe et par la suite dans un très grand nombre d'autres langues ? Il est difficile de répondre simplement à cette question qui, je le reconnais, est d'une importance primordiale. Les modèles issus des mythes grecs peuvent-ils transiter sans être modifiés et irriguer les interprétations des onirocrites arabes musulmans, juifs ou même de toutes sortes de praticiens du rêve dans des sociétés éloignées dans l'espace et dans le temps ?

Il semble bien que les traductions engendrent des malentendus qui perdurent à travers les siècles. Pour Artémidore, qui écrivait, rappelons-le, au IIe siècle après J.-C., les dents que l'on voyait en rêve représentaient des personnes. Plus même, il envisageait la bouche comme la maison, les dents du haut, les habitants de la maison ayant un statut supérieur et ceux du bas, un statut inférieur.

> Parmi les dents, celles du haut indiquent ceux qui dans la maison du songeur sont les supérieurs et l'emportent, celles du bas indiquent les inférieurs : car il faut regarder la bouche comme la maison et les dents comme ceux qui l'occupent (p. 44).

Or, si les dents sont, pour Artémidore, des personnes, c'est conformément au mythe de la fondation de Thèbes dans lequel, on s'en souvient, Cadmos brisa les dents du dragon avant de les planter en terre. De ces dents « semées » surgirent les ancêtres des premiers habitants de la ville, les *Spartoï* – ce qui signifie précisément « hommes semés » (*Bibliothèque* d'Apollodore). Le corpus mythologique grec conçoit que, au temps du mythe, les dents pouvaient être des graines d'humains, susceptibles d'être plantées en terre, comme les dents des humains le sont dans la gencive – et cela pour donner naissance à des sortes d'humains « végétaux », nés de semailles, engendrés comme le seraient des plantes, appelés *Spartoï*. Mais que dire de la reprise de ses interprétations par exemple par 'Abdel Ghani El Naboulsi, dans son célèbre *Merveilles de l'interprétation des rêves,* publié à Bagdad en 1685 ?

> On dit que la bouche évoque le foyer avec ses occupants. Les dents de droite désigneront dans ce cas les hommes et celles de gauche, les femmes (p. 371).

Nous sommes stupéfaits par la reprise, quasi à l'identique des interprétations d'Artémidore, dont la *Clef des songes* a traversé siècles et cultures. Et si nous recherchions de manière systématique, nous retrouverions ses interprétations dans des textes aussi éloignés culturellement que les textes arabes allant du VIIIe au XVIIe siècle ou même *L'Interprétation des rêves* de Freud qui reprend l'équivalence dent/personne de la famille du rêveur, puisqu'à son tour il propose d'interpréter les rêves de perte de dents comme référence à une « naissance ».

Nous en tirerons deux enseignements. Nous retiendrons d'une part que les significations d'éléments du rêve, les équivalences, les tournures, les interprétations de tonalités ont tendance à circuler sans tenir compte de leur cohérence avec l'ambiance culturelle qui les environne. Malgré ce que l'on pourrait penser spontanément, il est très difficile de proposer « n'importe quelle signification » à un rêve, la tendance naturelle étant plutôt de répéter des significations anciennes. Rien n'est plus difficile que d'« inventer » des équivalences ! Nous remarquerons d'autre part que ce que l'on appelle communément « symboles », notamment en matière d'interprétation des rêves, ce sont souvent des références explicites (non symboliques donc), mais d'un autre monde. Le mouvement de pensée qui conduit des dents aux hommes est naturel pour les Grecs qui connaissent tous le mythe de Cadmos. Dans un monde où ce mythe n'a pas cours, les dents, dont la référence est perdue, rendant l'équivalence incompréhensible, deviennent « symboles » d'humains. D'où l'on conclura qu'un grand nombre de « symboles » ne sont que des références à un corpus absent, des sortes d'erreurs de traduction, autrement dit. C'est pourquoi je déconseille le recours à tout dictionnaire de symboles, quelle que soit sa forme. Ces listes, ces répertoires, rassemblements de références disparates et oubliées, font disparaître le corpus mythologique qui est le véritable matériau dans lequel est nécessairement ciselée l'interprétation. C'est sans doute de cela, de l'appauvrissement systématique auquel ils ont procédé, que l'on éprouve ce sentiment d'ennui en lisant un dictionnaire de symboles coupé de leurs références mythologiques. Roger Caillois l'avait noté avec quelque humour : « Ce sont aussitôt litanies interminables. De la clé babylonienne, au hasard : “S'il mange de la chair d'ours, rébellion ; s'il mange de la chair de singe, il fera des acquisitions par force ; s'il mange de la viande connue, paix d'esprit ; s'il mange de l'asphalte, chagrin ; s'il mange du naphte, esprit inquiet, etc.” Ainsi de suite à l'infini... » (Roger Caillois, « Prestiges et problèmes du rêve ».)

La *Clef des songes* d'Artémidore se réfère implicitement, nous l'avons vu (mythe de Cadmos), parfois très explicitement (légende œdipienne), au corpus mythologique grec. Il n'y a rien d'étonnant à cela ; Artémidore a lui-même relaté être parti recueillir ses interprétations dans les villages auprès d'interprètes populaires. Sa *Clef des songes* est aussi le résultat d'une sorte d'enquête ethnologique avant la lettre. De même, les interprétations musulmanes des rêves font sans cesse référence au Coran et aux Hadiths. Plus même, elles constituent une révision quotidienne des principales sourates. La première clé des songes musulmane, la plus ancienne, celle de l'érudit, qui fut aussi homme d'une grande piété, Muhammad Ibn Sîrîn, débute par un rappel tranchant. D'après lui, il existerait deux sortes de rêves, les véridiques et les mensongers – les véridiques seraient envoyés par Dieu, les mensongers ne seraient que des chuchotements du diable (en arabe : *ouessouasses*). Il va de soi qu'il ne faut accorder attention qu'aux premiers et éviter d'interpréter les seconds. Cependant, avec le seul corpus musulman, Ibn Sîrîn ne parvient pas à répondre à la multitude de figures apparaissant dans les rêves. C'est pourquoi, ayant évidemment connaissance des clés de l'Antiquité, il reprend les interprétations grecques, qu'il travestit parfois en leur ajoutant des détails musulmans.

Il adopte les interprétations d'Artémidore : qui rêve de s'accoupler avec sa mère éprouve une sorte de mal du pays – pays qu'il rejoindra bientôt, comme l'annoncerait son rêve. Mais Ibn Sîrîn islamise ce premier contenu en le complétant par des détails spécifiquement musulmans :

> Cependant, s'il réalise le coït incestueux avec les femmes qui lui sont proches au cours des mois du pèlerinage et que dans le rêve il y ait des indices qui en attestent, il foulera la Terre sainte et y réalisera son désir.

La Terre mère, qui devrait être le lieu de naissance du rêveur, a tendance à devenir ici celle de la naissance de l'islam, le lieu de pèlerinage, c'est-à-dire La Mecque. Mais Ibn Sîrîn va plus loin encore dans l'islamisation du rêve d'Œdipe d'Artémidore :

> S'il a atteint l'orgasme, la semence produite figure les deniers qu'il dépensera dans ce lieu excellent que tous désirent visiter et où tous désirent retourner (p. 607 ; il veut parler de La Mecque, naturellement !).

Ainsi, si le rêveur a une éjaculation en rêve, cela signifiera qu'il dépensera de l'argent à La Mecque, Terre mère de l'islam.

Les interprètes de rêve qui se sont succédé dans l'espace culturel méditerranéen sont restés fascinés par la synthèse d'Artémidore. Aucun d'entre eux n'a résisté au plagiat. Les exemples précédents montrent néanmoins que, même en reprenant les équivalences proposées par Artémidore des siècles plus tôt, provenant donc du monde grec, ils sont contraints de puiser tout de même dans leur propre corpus de référence.

Autre exemple : la troisième interprétation de l'accouplement avec sa mère renvoie pour Artémidore à la mort. Ibn Sîrîn reprend cette interprétation, mais l'accole aussitôt à une citation coranique :

> Celui qui se voit en rêve en train de copuler avec sa mère décédée, dans sa tombe, mourra, car le Très-Haut a dit : « De la terre nous vous avons créés ; en elle nous vous ramènerons » (XX, 55, p. 610).

Les corpus mythologiques ont donc une importance primordiale pour l'interprète des rêves et pas seulement pour pallier son manque d'imagination. Ils lui sont un réservoir de fragments à assembler, regroupant des modèles de personnages, d'actions possibles, d'équivalences entre des éléments disparates – équivalences validées par des récits. Ainsi les interprètes de rêves de la tradition juive se réfèrent-ils sans cesse aux récits bibliques de rêves – celui de Jacob, ceux de Joseph et ceux que Joseph interprète, à ses compagnons de cellule, puis au pharaon, ceux que Daniel interprète et ceux qui sont rapportés dans le Zohar. Il est vrai que l'interprète juif peut s'appuyer, pour sa pratique concrète, sur d'innombrables exemples d'interprétations rapportés dans le Talmud. Quoi qu'il en soit, le corpus de référence est là aussi de nature mythologique, essentiellement constitué des récits que renferment les premiers livres de la Bible.

Chamanisme

Jusque-là, nous nous trouvons dans des cultures dans lesquelles le rêveur accueille, au sein de ses rêves, les invisibles non-humains et tente au réveil de décoder leur message. Ces cultures, nous les appellerons « descendantes », puisque les êtres « descendent » dans les rêves des humains. Mais il en est d'autres, nous le savons, où l'expérience du rêve est bien plus personnelle encore. Des cultures dans lesquelles le rêve est avant tout expérience du noyau de l'être humain – disons son âme – qui s'en est allée circuler dans un monde d'une autre nature, qui est « montée ». La nuit est ici l'occasion d'un *voyage de l'âme,* et le rêve, le récit de son parcours. Nous appellerons ces cultures « montantes », puisque aussi bien, durant le rêve, les âmes déambulent dans un éther surélevé. Cette expérience onirique possède des caractéristiques particulières. Elle permet au rêveur de participer au monde des mythes, d'y circuler, d'y agir aussi, souvent – ce monde qui est justement appelé, dans les cultures australiennes, « temps du rêve ». Le rêve n'est pas ici expérience seconde, comme dans nos mondes modernes, fait de scories de la veille, assemblage de détritus mentaux non métabolisés ; il est au contraire expérience première, participation active à la destinée du monde.

Georges Devereux, qui a longuement étudié la culture des Indiens mohaves de Californie, raconte que, là, les maladies ont été préétablies au moment de la création du monde. L'événement primordial a introduit au moins un cas réel de chacune des maladies qui existeront par la suite et au moins un cas de guérison de chacune. Ainsi la maladie concrète d'un certain Indien mohave n'est-elle que la répétition du fragment de mythe de la création dans lequel figure cette maladie. Lorsque le guérisseur, aussi appelé « homme-médecine » (*medicine man*) ou encore « chaman » dans la littérature ethnologique, entreprend de soigner une telle maladie, c'est nécessairement qu'il a assisté en rêve à sa création et a donc pu « voir » les détails de son traitement. Sil existe des maladies qu'aucun chaman ne connaît, c'est que le fragment du mythe de création la concernant n'a pas encore été révélé.

> Ainsi, lorsque les armes à feu firent leur apparition et infligèrent des blessures par balles, un chaman rêva bientôt qu'il avait été témoin de la phase de la création du monde qui se rapporte à l'établissement primordial, prototype et constituant un précédent de toute blessure par une arme à feu et de sa guérison (Georges Devereux, « Les rêves pathogènes dans les sociétés non occidentales », p. 195).

Nous retrouvons une idée presque identique dans le Zohar, où il est écrit :

> Il n'est aucun événement au monde qui, avant de survenir, n'ait été annoncé en rêve. Car il a été enseigné qu'avant que quoi que ce soit n'arrive, la chose est annoncée dans le firmament, d'où elle se propage dans le monde et est transmise par un héraut (Zohar, 183a).

De son voyage quotidien dans le monde du rêve, l'âme pourra rapporter des connaissances nouvelles, qui pourront se révéler fondamentales pour la vie éveillée et même pour la vie sociale, comme dans l'exemple que nous venons de citer. Le rêve n'est en aucune manière construction imaginaire ; il est fondamentalement *expérience réelle*, même s'il s'agit seulement de l'expérience de l'âme. Le monde où circule l'âme existe réellement, ne s'ouvrant aux humains que durant le rêve. La vie éveillée est close, confinée aux périmètres du connu ; le rêve s'élance à travers d'autres espaces, peut-être inconnus, mais concernant tout autant les humains. Plus encore, les événements qui s'y déroulent impliquent les protagonistes, même s'il ne s'agit pas du rêveur, qui rendront des comptes le lendemain. L'histoire est célèbre, rapportée par plusieurs anthropologues, dont Roger Caillois. Un Indien du Paraguay vit en rêve que le missionnaire W. B. Grubb lui avait dérobé des citrouilles dans son jardin. Sitôt qu'il le rencontra, il exigea qu'il lui rendît son bien. Le missionnaire eut beau expliquer que, cette nuit, il se trouvait à 160 kilomètres de là, qu'il ne pouvait donc être coupable du vol que lui reprochait l'Indien, qu'à cela ne tienne, l'autre l'avait vu en rêve, il lui avait donc volé ses citrouilles. L'histoire ne dit pas si Grubb dédommagea l'Indien. Sans doute ne le fit-il pas, puisque, quelque temps plus tard, le même Indien rêva que Grubb lui avait tiré un coup de fusil. Le lendemain, l'Indien, qui était persuadé d'avoir échappé à une tentative de meurtre, essaya d'assassiner le missionnaire.

Dans ces cultures, le rêve s'accompagne d'une intensité de l'expérience qui lui confère une réalité peut-être plus convaincante que celle d'une perception ; plus convaincante sans doute aussi parce que les conséquences du rêve sont plus graves que celles des événements de la vie quotidienne. Les ethnologues ont rapporté que les Iroquois, tout comme les Hurons du Canada, avaient une théorie du rêve en tant que « désir de l'âme ». Si l'âme avait vécu une certaine expérience en rêve, il s'était nécessairement créé chez elle une sorte de dépression, un vide, qui durait aussi longtemps que la vie éveillée n'avait pas permis la réalisation concrète de la vision du rêve. Et si la vie ne finissait pas par offrir à l'âme l'opportunité de réaliser concrètement sa vision, le rêve agissait alors à la manière d'un poison, et l'on pouvait même craindre pour la vie du rêveur. On peut imaginer les excès auxquels pouvait conduire une telle théorie, engendrant sans doute des rêves, dirons-nous, « de commodité », pour contraindre l'environnement à se soumettre aux désirs du rêveur.

Dans de tels contextes, où l'âme du rêveur s'engage chaque nuit dans un voyage, on doit veiller à ce qu'elle réintègre correctement le corps au réveil. C'est ainsi que l'on craint par-dessus tout qu'elle ne s'égare durant le rêve ou encore qu'elle ne soit enlevée par des êtres du rêve, produisant toutes sortes de désordres au réveil. Il s'agit d'un monde où l'on reconnaît que des maladies, psychologiques ou somatiques, se déclenchent depuis le tréfonds d'un rêve – se déclenchent *par* le rêve.

Il ressort des exemples que nous venons de parcourir que ces cultures ont privilégié un aspect du rêve que nous avions déjà noté, mais qui prend ici une force bien plus grande. Le rêve n'est plus seulement prémonition d'une réalité à venir qui permet à l'interprète de la prédire, il est aussi engagement, dette qu'il faudra honorer pour maintenir l'harmonie entre les deux mondes et même, quelquefois, pour sauvegarder la vie du rêveur. Le rêve se révèle donc contrainte, source de nouvelles obligations que l'interprète des rêves devra expliciter et dont il devra définir les modalités. Ces cultures, celles des Indiens d'Amérique du Nord et du Sud, des aborigènes d'Australie, des Indonésiens, des Néo-Calédoniens, qui manifestent un tel intérêt pour le rêve, sont pour la plupart des cultures chamaniques, dans lesquelles l'« homme-médecine » est initié en rêve, soigne en rêve et questionne sans cesse les malades au sujet de leurs rêves. Au sein de tels mondes, que l'on pourrait dire « onirocentrés », les personnes se souviennent très souvent de leurs rêves jusque dans leurs moindres détails. Là, le récit d'un rêve peut durer près d'une heure, ou même davantage, alors que, dans nos mondes modernes, raconter un rêve prend rarement plus de deux ou trois minutes. Ajoutons encore que dans ces mondes du rêve, où l'apprentissage est validé par le rêve, où les choix de l'existence sont subordonnés à la production de certains rêves, où chacun est supposé rêver, y compris les fœtus et les nouveau-nés, on trouve aussi les drogues les plus efficaces. Ce sont ces cultures qui ont découvert les effets des hallucinogènes tels que le *peyotl* (au Mexique), le *datura* ou l'*ayahuasca* en Amazonie, la *coca*, dans les Andes et un peu partout le tabac. On dirait ces cultures si avides de rêves qu'elles sont parties à la recherche de produits permettant d'ouvrir les « portes du rêve » à l'homme éveillé.

Une remarque encore concernant la « tonalité » des rêves dans des sociétés à chamanisme. Privilégiant l'expérience au détriment du sens, le rêveur cherchera à vivre un rêve plutôt qu'à le soumettre à la sagacité de l'interprète. Le « praticien du rêve », le chaman, sera ici plus un « guide » qu'un spécialiste d'herméneutique. Il n'hésitera pas à s'engager lui-même dans les méandres du monde des rêves, y risquant, dit-on, sa vie et sa santé mentale, précédant son patient, souvent, l'accompagnant, toujours, pour ajuster son expérience, l'accordant avec les éléments du corpus mythologique, qu'il maîtrise nécessairement.

Là aussi, donc, nous avons des professionnels, pas tout à fait interprètes, nous l'avons vu, plutôt des guides, souvent aussi prêtres et guérisseurs, qui maîtrisent un corpus de référence. Si les sociétés méditerranéennes et africaines sont plutôt « descendantes » et les sociétés américaines et australiennes plutôt « montantes », il convient de ne pas considérer ces catégories de manière trop rigide. Ce sont là plus des tendances que des règles – tendances au sein desquelles se développent des choix personnels, tant pour l'usager du rêve que pour le professionnel. Bien des interprètes de rêves arabes du Moyen Âge ressemblent à des chamans, et bien des chamans sud-américains accueillent des êtres en rêve. De plus, ces modèles de perception et d'interprétation du rêve évoluent dans des mondes de plus en plus ouverts. Les Indiens d'Amérique se sont, dans une très grande majorité, convertis au christianisme ou à un autre monothéisme, fréquentent des églises, parfois évangélistes ou charismatiques. Les méthodes chamaniques y sont interdites et poursuivies comme pratiques « diaboliques ». Mais l'ambiance reste, et surtout le corpus mythologique. S'ils ont conservé leurs façons d'appréhender le rêve, les Indiens d'Amazonie ont bien plus de mal qu'autrefois à trouver des chamans dans un contexte « moderne » et chrétien. Et il n'est pas certain que celui qu'ils finissent par dénicher mérite leur confiance.

J'attire l'attention sur des modèles généraux, qu'il ne faut pas considérer comme des réalités intangibles. Il s'agit ici non pas de fixer des normes, mais de glaner des concepts. Nous conserverons deux idées principales, qui rappellent celles que nous avons croisées plus haut : dans ces mondes, *le rêve est plus encore qu'ailleurs expérience subjective ; le rêve constitue de manière très explicite une dette tirée sur la réalité qu'il faut honorer au plus tôt.*

À l'issue de ce rapide survol des corpus mythologiques servant de référence aux interprètes de rêves, une remarque s'impose. On pourrait croire que le rêve est une réalité et les corpus, une grille qu'on lui appliquerait de manière mécanique. Mais il faut se souvenir que, si l'on considère son processus propre, le rêve survient au moment du sommeil paradoxal, durant une séquence physiologique dont la fonction est de *reprogrammer l'idiosyncrasie du rêveur*. Or l'utilisation des références mythologiques agit un peu de même, puisant dans le bien commun de la collectivité à laquelle appartient le rêveur, les éléments signifiants le concernant lui seul. Construction physiologique d'une identité répétant un choix génétique pour le sommeil paradoxal ; construction d'un destin singulier – donc unique ! – à partir de matériaux puisés dans un corpus mythologique culturel, pour le rêve et son interprétation. Il ressort de cette observation qu'il n'existe pas un rêve d'une part, son interprétation de l'autre, mais bien toujours un ensemble constitué des deux accouplés.

Nous avons également constaté que certains éléments paraissaient constants tout à travers les cultures, notamment la réalité singulière de l'expérience onirique et la nécessité d'interpréter cette expérience en termes prédictifs. Rêver est ce qui m'arrive en propre ; mon rêve doit donc advenir en modifiant mon destin de manière spécifique. Et nous noterons ici que la prédiction est la seule manière de conférer au rêve cette valeur strictement personnelle, à proprement parler : idiosyncrasique. Toute autre interprétation, notamment les explications – par exemple, « vous avez rêvé que vous alliez perdre vos dents parce que vous craignez que votre épouse n'accapare les enfants après le divorce » –, retire au rêve sa singularité. Nombreux sont en effet les hommes qui nourrissent de telles craintes de nos jours. Pourquoi faudrait-il un rêve pour en prendre conscience ? Et surtout pourquoi serait-il nécessaire d'en travestir le contenu, transformant les enfants en dents ? *Une interprétation n'est jamais une explication !* Elle doit tout au contraire prédire ce qui arrivera au rêveur, et à lui seul. Si l'on conservait la même grille d'analyse, pour l'heure seulement imaginaire, l'éventuelle interprétation du rêve des dents branlantes serait formulée ainsi : « Vos enfants préféreront vivre avec votre ex-femme plutôt qu'avec vous. » Voilà pour la prédiction. L'interprétation devra s'accompagner ensuite de prescriptions pour moduler l'effet du rêve. « Vous devrez aménager la maison, l'étage du haut, pour accueillir vos enfants. C'est pour cette raison que les dents branlaient à la mâchoire supérieure dans votre rêve. »

Je prendrai maintenant l'exemple d'une interprétation de rêve dans un contexte psychothérapeutique pour illustrer les différents points soulevés jusqu'ici.

Une Indienne de Colombie immigrée à Paris

LA SÉANCE D'ETHNOPSYCHIATRIE

Une séance d'ethnopsychiatrie se déroule ainsi : autour d'une famille, toujours accompagnée de ses référents institutionnels (assistante sociale, psychologue, médecin), se réunissent une dizaine de professionnels (en général psychologues cliniciens, mais aussi médecins, psychiatres, anthropologues, linguistes). On veille autant que possible à ce que, parmi ces professionnels, au moins l'un d'entre eux parle la langue maternelle de la famille. On l'aimerait originaire de la même région, connaissant, pour les avoir plus particulièrement étudiées, les habitudes thérapeutiques ayant cours dans l'environnement habituel de la famille. Les autres, spécialistes d'autres régions, sont tout de même sensibilisés à l'importance des traditions thérapeutiques. Le référent qui a conduit la famille parle d'abord, explique ce qu'il attend de cette consultation, expose ce qui, à son sens, constitue les difficultés, les souffrances – bref, la problématique de cette famille.

Parler de ses difficultés, de ses terreurs, de ses inquiétudes, de ses conflits secrets, tout cela vient plus naturellement dans la langue courante de la personne – celle dans laquelle elle se parle à elle-même, celle dans laquelle elle se confie à ses proches, dans laquelle elle rêve, aussi. L'ethnopsychiatrie a toujours été passionnée par les phénomènes de traduction, que l'on ne peut réduire à la restitution d'un même message dans une autre langue. Ainsi favorisons-nous, chaque fois que c'est possible, l'expression dans la langue habituelle de la famille.

La multitude d'intervenants – la famille et ses représentants, les référents institutionnels, les membres de la consultation d'ethnopsychiatrie – permet l'expression d'une multiplicité de points de vue sur le désordre dont se plaint le patient. Une séance d'ethnopsychiatrie peut durer trois heures, même davantage ; il est rare qu'elle dure moins de deux heures. Là, une famille migrante est reçue gratuitement ; une dizaine de professionnels diplômés s'occupant activement à chercher des solutions à ses problèmes. Nulle part ailleurs il n'existe une telle « hospitalité thérapeutique ». Les conséquences cliniques d'un tel dispositif sont de briser la répartition habituelle des expertises qui sont en règle générale : au patient le récit maladroit de son mal, au thérapeute la maîtrise de la maladie et des traitements. Dans une séance d'ethnopsychiatrie, nous voyons au contraire se multiplier les statuts d'experts – expert clinique, certes, mais aussi expert de la langue, expert des coutumes, expert des systèmes thérapeutiques locaux, ceux de la région du patient, expert des systèmes thérapeutiques d'autres régions, expert de la souffrance singulière. Le rêve que je vais raconter maintenant a été recueilli au cours d'une séance d'ethnopsychiatrie.

DES DIEUX DANS LA BANLIEUE NORD

Nous attendions Teresa depuis une vingtaine de minutes. Elle ne nous avait pas habitués à cela, toujours impeccablement mise, toujours ponctuelle. Pas véritablement inquiets, nous nous demandions ce qui avait pu la retarder et reprenions, avec le groupe, les points saillants de la consultation précédente.

Teresa est une très jolie jeune femme d'une trentaine d'années. Originaire de Colombie, elle y rencontra à l'âge de 20 ans un homme d'affaires français, qu'elle épousa et qu'elle suivit en France. Elle est aujourd'hui divorcée et élève seule ses deux garçons. C'est avec l'aîné qu'elle a des problèmes, ce garçon, né d'une relation violente, là-bas, au pays, bien avant de rencontrer son époux, alors qu'elle était âgée de seulement 16 ans. Elle était venue à nous intérieurement harcelée par une question : devait-elle révéler à son fils aîné qu'il était né d'un viol ? Convoquée à plusieurs reprises par la direction du lycée, elle avait avoué à l'assistante sociale son désarroi devant les passages à l'acte permanents de l'adolescent. Et puis, au décours de la conversation, elle avait craqué. Elle avait parlé d'elle, de son passé. Elle avait confié dans un sanglot sa rencontre avec les trois jeunes voyous en rentrant du collège. Elle les connaissait de vue pour les avoir croisés à plusieurs reprises, mais elle ne leur avait jamais parlé. Ce jour-là, ils s'étaient jetés sur elle, l'avaient entraînée dans un chemin. Ils l'avaient giflée, battue, déshabillée. Alors que deux d'entre eux la maintenaient, le troisième avait abusé d'elle. Un passant, alerté par les cris, avait accouru et les voyous avaient pris la fuite.

C'était de cela, de ce seul rapport sexuel, dans la violence, la frayeur et la haine qu'était né Alfonso, son aîné. Ce secret, Teresa l'avait enfoui dans sa mémoire durant quinze ans. Elle ne l'avait même pas raconté à son mari avec qui elle avait vécu dix ans, dans ce pavillon de la banlieue nord, qu'elle habitait toujours. L'assistante sociale était convaincue que les problèmes de comportement de son fils étaient liés au secret que la mère gardait enfoui dans sa mémoire. « Secrets de famille », avait pensé la professionnelle, hérités des parents, qui surgissent à la génération suivante avec plus de force encore. La semaine précédente, nous avions donc eu une longue séance au cours de laquelle elle nous avait bombardés de questions. Fallait-il vraiment raconter ce viol à un gamin ? Il savait que son père n'était pas celui de son frère, mais ne s'en plaignait pas, ne l'évoquait jamais. Fallait-il encore en rajouter ? Fallait-il ranimer une question sans doute douloureuse ? Elle nous prenait à témoin : est-il bon de toujours ainsi raviver de vieilles plaies ? Gratter les cicatrices anciennes ?

En ce qui me concernait, j'étais contre la révélation. Je n'étais pas opposé, bien sûr, à ce que l'enfant sache les circonstances de sa conception et de sa naissance, mais considérais toxique cette révélation faite sans motif et surtout sans question précise provenant de l'enfant. J'avais formulé mon opinion ainsi : « À mon sens, il ne faut pas raconter cet épisode de votre vie à Alfonso, de peur de le priver de cette découverte qu'il fera nécessairement un jour par lui-même et qui lui donnera une énergie propre. » D'autres, dans le groupe, n'avaient pas la même opinion. Nous avions longuement argumenté, les uns et les autres, Teresa aussi, bien sûr, qui prenait plaisir à cette discussion, qui se familiarisait aussi, de plus en plus, avec son secret.

Nous avions également parlé des origines de sa famille. Elle était « indienne », disait-elle. Nous nous étions interrogés : « indienne », mais mélangée, sans doute. Parlait-elle la langue de ses ancêtres ? Non ! Elle comprenait quelques mots que lui avait transmis sa grand-mère, rien de plus. Mais elle savait qu'elle n'était pas « espagnole ». Indiens et Espagnols ? Nous nous étions étonnés de cette dichotomie qui d'après elle subsistait encore en Colombie. Elle avait insisté : elle était bien indienne, consciente de la spoliation subie par ses ancêtres, de la souffrance de son peuple qui subsistait, intacte. Elle avait pleuré : « Croyez-vous qu'ils auraient violé ainsi une “Espagnole” ? Non ! Ils m'ont traitée comme ils ont toujours traité les Indiens, avec la même violence. » Et elle avait ajouté : « Ils ne l'ont pas emporté au paradis, allez ! » Comment cela ? Qu'avait-elle voulu dire ? Elle nous apprit alors qu'ils étaient morts. Morts ? Oui ! Morts… tous les trois, la même année, dans un accident d'automobile. Comme nous restions interloqués, elle conclut ainsi : « Les Indiens aussi avaient des dieux ! »

La voici qui entre dans la salle de consultation, coquette, soignée. Mais elle est moins souriante que la semaine précédente. Quelque chose, comme un malaise… « Je suis en retard à cause du rêve de ma nuit, commence-t-elle. Un rêve dégoûtant. Je ne sais pas si vous supporterez que je vous le raconte… »

Elle avait rêvé d'un homme nu, un Indien, précisément. Dans son rêve, elle l'avait « écorché », « épluché » (c'étaient ses propres mots), lui retirant sa peau comme on dépècerait un gibier. Elle l'avait dévoré, systématiquement, jusqu'à la dernière parcelle de chair. Elle récoltait avec le doigt la graisse qui s'échappait pour la sucer. Elle l'avait « absorbé » jusqu'à la dernière goutte. À la fin, il n'en restait rien, absolument rien, pas même un os, rien qu'un tout petit tas de vêtements qui, étrangement, fumaient comme s'ils avaient été brûlés. Et puis, au milieu du groupe de thérapeutes, elle fut prise d'un haut-le-corps et fit un rot, aussi retentissant que celui d'un *biker* buveur de bière. Elle mit la main devant sa bouche, dit « pardon » et éclata de rire.

Voilà un rêve bien étrange ! Existe-t-il seulement des rêves étranges, puisqu'il est dans la nature du rêve de l'être ? Les thérapeutes posèrent des questions, Teresa répondit, parla de sa relation avec les hommes, parfois conflictuelle. Les uns voulaient voir dans ce rêve une manifestation de sa relation ambivalente aux hommes. D'autres, des pulsions archaïques, du cannibalisme, peut-être. Malgré les hypothèses, les significations revenaient sans cesse buter contre les images prégnantes de l'homme dépecé, écorché, absorbé jusqu'à sa dernière parcelle de chair.

Pour moi il s'agissait d'un rêve important puisqu'il avait été l'occasion d'une rencontre exceptionnelle ! Il était clair que l'Indien que Teresa avait vu en rêve était le Tabac – le dieu-Tabac lui-même –, le tabac qui est très souvent un dieu chez les Indiens, notamment chez les Indiens de Colombie. Elle l'avait absorbé jusqu'à sa disparition totale, comme on fume un cigare. Elle l'avait absorbé sous toutes ses formes, comme le faisaient autrefois les Indiens, en le mangeant, en extrayant son jus, en le fumant. Il ne restait qu'un tas de cendres, représenté dans le rêve par les restes d'habits brûlés. S'il était vrai que Teresa avait rencontré le dieu-Tabac, sans doute l'une des divinités de sa famille, un retour en Colombie s'imposait, accompagnée de son fils qui lui posait tant de problèmes. Nous avons longtemps tourné autour des représentations du tabac. Elle a relaté qu'en effet le tabac était honoré par les Indiens comme une divinité. Il leur donnait la force d'affronter les longues nuits de rituels ; sa fumée qui montait toujours vers les cieux guidait leurs âmes qui s'envolaient pour leur voyage initiatique et leur indiquait le chemin du retour. Pour finir, elle a elle-même débouché sur sa propre prescription. Se rappelant d'abord qu'elle avait effectivement travaillé un temps dans une usine de tabac et qu'elle avait roulé des centaines de cigares contre ses cuisses, elle conclut cette séance en se rappelant que les guérisseurs de son village fumaient sans cesse des cigarettes dont ils recrachaient la fumée sur les parties malades de leurs patients. Elle nous dit en toute fin de séance qu'elle irait consulter l'un de ces guérisseurs adeptes du dieu-Tabac avec son aîné et qu'à cette occasion elle lui demanderait une protection pour son fils.

REMARQUES MÉTHODOLOGIQUES

Notons d'abord qu'un dictionnaire des symboles n'aurait été d'aucune utilité pour l'interprétation de ce rêve. Le corpus de référence qui s'est révélé utile provenait de l'univers culturel de Teresa, celui qu'elle avait connu dans son enfance en Colombie. Il aurait été évidemment inutile d'aller chercher la signification « symbolique » de « manger quelqu'un en rêve », par exemple. Déjà Artémidore précisait dans l'introduction de son traité qu'il fallait connaître la langue du rêveur, ses origines, son pays, ses coutumes... Une telle recommandation est particulièrement judicieuse lorsqu'il s'agit de rêveurs provenant de cultures éloignées.

> Touchant toutes les autres coutumes ; il faut distinguer spécialement ce qui n'est observé que chez certains peuples, parce que les coutumes locales sont signes de bonnes choses, les étrangères signes de mauvaises (p. 29).

Artémidore recommande même de s'informer de telles coutumes par tous les moyens :

> Si tu ignores les coutumes locales et le trait particulier de chaque lieu, informe-t'en. Des voyages et des lectures t'en assureront principalement la connaissance : car ce ne sont pas seulement les livres d'onirocritique qui peuvent instruire, mais aussi les autres matériaux (p. 224).

L'interprétation de ce rêve, survenue dans un contexte thérapeutique, n'a pas débouché sur une prédiction au sens strict. C'est la patiente qui, à partir des remarques des thérapeutes, a déduit elle-même la signification du rêve, puis s'est proposée de demander à un guérisseur spécialiste du dieu-Tabac une protection pour son fils. Si un interprète de rêves avait dû la formuler, elle aurait pu être énoncée ainsi : « Par votre filiation, vous appartenez au dieu-Tabac jusqu'au tréfonds de votre être. C'est de lui que vous obtiendrez l'aide que vous attendez pour votre enfant. »

Notons que formulée ainsi elle est conforme à ce que l'on attend d'une interprétation de rêve, obéissant à la première des règles, celle d'économie. Elle ne laisse en effet aucun « reste », explicitant le texte tout en intégrant les éléments importants du contexte. Je m'explique : tous les éléments du rêve viennent prendre sens après l'énoncé de l'interprétation, s'agglutinant autour du noyau « tabac ». Les détails qui paraissaient insignifiants ou surprenants s'éclairent alors. On comprend la disparition de l'homme du rêve, absorbé jusqu'à la dernière fumée qui s'échappe des restes de ses vêtements puisqu'il s'agit d'un « homme-cigare », du dieu-Tabac. Jusqu'au dégoût que Teresa éprouve au réveil, lorsqu'on sait combien un cigare fait de feuilles de tabac fraîches, non traitées, laisse d'amertume dans la bouche et une incoercible envie de vomir.

D'où nous tirerons trois nouvelles règles d'interprétation :

— *L'interprétation d'un rêve doit se rechercher dans ses détails*, comme si le rêve avait inversé l'ordre naturel de construction d'un récit, investissant la périphérie, c'est-à-dire les détails, pour en faire le siège du principal ressort. Pour reprendre l'exemple du rêve précédent, c'est dans le jus que Teresa recueille d'un doigt que l'on reconnaît que l'Indien du rêve est le tabac, qui peut s'absorber soit sous forme de fumée, soit de jus.

— *Plus une interprétation est correcte* (nous verrons plus loin ce que l'on peut appeler « interprétation correcte »), *plus elle intègre de détails du rêve*. Ce qui signifie que les interprétations cumulatives, à la manière des rébus, qui vont piocher successivement dans un dictionnaire de symboles la signification de chaque élément du rêve, pour les assembler ensuite en une phrase, sont nécessairement inactives. La logique d'un rêve est celle du noyau de sens, à une place inattendue dans le récit, qui attire à lui les autres éléments. Car il semble bien qu'un rêve soit produit à partir d'une idée, d'une sorte de concept, d'où découlent les différentes tentatives de mise en scène.

— Et une troisième règle que j'appellerai d'« éclaircissement rétroactif ». *L'interprétation d'un rêve est construction d'un monde dans lequel tout ce qui se déroule dans le rêve devient naturel* a posteriori. Après l'interprétation, lorsqu'on retourne au rêve de Teresa, s'éclairent successivement les détails qui paraissaient scabreux au premier regard : l'absorption de la substance de l'homme devient compréhensible si l'on admet que cet homme est tabac. Plus même, les différentes formes d'absorption du tabac sont représentées dans le rêve, jusqu'aux restes fumants dont on comprend qu'ils sont cendres, jusqu'au dégoût au réveil, enfin, qui vient rappeler l'amertume et les propriétés émétiques du tabac.

CHAPITRE 6

Les principes de l'interprétation

> « Je déclare dès lors que l'onirocrite doit être bien équipé de son propre fond et se servir de sa propre jugeote, et ne pas s'en tenir aux livres, car quiconque estime devoir être parfait onirocrite par l'art seul sans l'habileté naturelle restera imparfait et n'aboutira pas, et cela d'autant plus qu'il aura plus grande habitude de l'art : car si l'on a erré dès le principe, plus on avance plus on erre. »
>
> Artémidore de DALDIS, *Onirocriticon*

Il est bon que l'interprète ait quelques idées claires sur la nature du rêve – pour mesurer l'importance de ce qu'il traite et prendre conscience de ses responsabilités. *Le rêve est le rêveur*, comme un condensé de sa singularité. De plus, il appelle l'interprétation, l'attire comme l'aimant la ferraille. C'est pourquoi, quelle que soit l'interprétation formulée, elle parviendra au rêveur. Il l'intégrera immédiatement, y réagira, la transformera sans doute en un matériau propre. L'interprétation se fraiera un chemin jusqu'aux strates les plus profondes de la personne, en deviendra partie constituante, produira de nouvelles pensées, de nouveaux rêves, sera à l'origine de décisions, de nouvelles actions. Plus encore, l'interprétation s'installera parmi les éléments de la personne et pourra être à l'origine de nouvelles pensées, de nouveaux rêves, quelquefois des années plus tard. L'interprétation d'un rêve est le chemin par lequel une personne est susceptible de « pénétrer » le fonctionnement mental d'une autre. C'est dire la responsabilité de l'onirocrite !

Se souvenir d'un rêve, ce n'est pas la même chose que rêver. Tout le monde rêve, au sens où le sommeil de chacun comporte en général quatre phases de sommeil paradoxal par nuit, d'une durée totale d'une heure et demie environ. Ce sont là des données objectives. Mais, il n'est pas rare d'entendre des personnes prétendre qu'elles ne rêvent pas. Sans doute cela signifie-t-il qu'elles ne se souviennent pas de leurs rêves. Mais, lorsque l'énoncé prend une forme générale, lorsqu'il sous-entend que la personne « ne rêve jamais », c'est qu'elle n'a pas été habituée à raconter ses rêves, que le récit des rêves n'est pas venu prendre place dans sa philosophie de l'existence. Lorsque de telles personnes entreprennent des psychanalyses ou quelque forme de thérapie avec des cliniciens qui s'intéressent aux rêves, il arrive que leur comportement onirique change du tout au tout. Celles-là mêmes qui n'avaient pas la notion de rêver se souviennent de plus en plus souvent de leurs rêves, parfois même du rêve de chaque nuit. Car se souvenir de ses rêves, c'est déjà avoir un interlocuteur à qui les raconter. C'est ainsi que, dans des cultures qui laissent une place importante aux rêves, comme celle des Indiens d'Amérique ou celle du Maroc traditionnel, il est naturel de penser que chacun rêve tous les soirs. Nous avons insisté à plusieurs reprises sur le fait que le rêve était essentiellement interactif – vecteur de lien, producteur de relations humaines, fabricant de pensées du jour. C'est ainsi que le pensent les cultures onirophiles. Les personnes ayant grandi dans de telles ambiances continuent de se souvenir de leurs rêves toute leur vie durant. Les autres peuvent apprendre à s'en souvenir.

Nous tirerons une première formule de ces remarques d'ordre général : *l'interprétation du rêve est le rêve* – formule dont il faut d'ores et déjà retenir qu'il n'existe pas, d'une part, un rêve qui serait un matériau brut et, d'autre part, une interprétation qui viendrait illuminer ses parties obscures. Le rêve étant une machinerie à produire des liens, l'interprétation y est contenue en creux ; l'interprète est déjà présent, en ombre dans le récit du rêve.

Avant d'être raconté, le rêve est un objet compact, un conglomérat rendu cohérent par la conviction du rêveur. Lorsque le lendemain il raconte son rêve, lorsqu'il décrit ce qu'il parcourt des yeux, l'objet se délie, se déploie. Le récit du rêve est une expérience personnelle qui réédite celle du rêve lui-même. Raconter un rêve, c'est un peu le rêver une seconde fois, mais en présence d'un tiers. C'est pourquoi le récit du rêve fixera celui-ci, le faisant naître au monde sonore. Après cette expérience initiale, les récits ultérieurs ne seront que rappels imparfaits de ce premier énoncé, de cette première transcription. Les sentiments éprouvés se seront progressivement érodés, les éléments surprenants auront été gommés, laissant place à des séquences plus convenues. Les structures stockées dans la mémoire du rêveur seront venues le réorganiser, lissant ses aspérités, gommant les fragments inhabituels, le banalisant, pour ainsi dire.

C'est pourquoi le récit le plus fidèle d'un rêve se recueille au réveil, au chevet du rêveur, avant que d'autres fonctions ne se soient mobilisées, et notamment l'ingestion. D'où la seconde formule : *un rêve se recueille avant que la première goutte d'eau n'ait touché les lèvres du rêveur.*

De cette formule, nous pouvons également déduire que, si l'on souhaite interpréter un rêve, il n'est pas souhaitable que le rêveur laisse dériver ses idées à partir du premier récit car il aura tendance, par souci de cohérence, à faire disparaître les singularités, à rechercher du déjà connu dans le passé, alors que le rêve est projection vers un lendemain à construire. Plutôt que de l'inviter à produire des associations d'idées à partir des éléments de son rêve, comme le préconisait Freud, il est préférable de lui demander de préciser les détails du rêve, de parfaire la description d'un paysage ou d'un décor, de l'inciter à identifier précisément les personnages, les animaux ou les êtres, d'explorer avec lui les limites de ce qui était contenu dans le rêve.

Curieusement, c'est chez les chercheurs en neurophysiologie du sommeil que nous trouvons les professionnels respectant le rêve au plus près, eux qui veillent à le recueillir sitôt produit, à peine terminée la phase de mouvements oculaires rapides, des lèvres du rêveur à peine tiré de son sommeil. Juste à la sortie du sommeil, comme on cueille une plante aromatique au matin, lorsqu'elle ouvre à peine son calice gorgé de substances, à peine humidifiée par les premières gouttes de rosée, c'est alors qu'on ramasse le rêve, encore tendu des dynamiques de la nuit. À qui veut simplement se souvenir de ses rêves, il reste le bloc de papier et le crayon sur la table de nuit. Mais l'élaboration écrite est moins rapide et moins souple que la parole. Rien ne remplace l'onirocrite au chevet du rêveur.

Un rêve est une procédure intelligente de fabrication. Rappelons que l'essentiel de la vie du fœtus après les premiers mois de gestation est occupé par le « sommeil agité », l'ancêtre du sommeil paradoxal. Durant les premiers mois de sa vie, l'enfant passe encore entre 50 à 60 % de son temps de sommeil, c'est-à-dire environ huit heures par jour, en « sommeil agité ». Nous ignorons s'il rêve durant ces périodes – ou plus exactement en quoi pourrait consister son rêve –, puisqu'il n'est alors pas capable d'en produire un récit, mais cela doit y ressembler. D'où nous sommes amenés à penser que « le temps du rêve » est nécessairement un temps de fabrication, de constitution ou de renforcement de structures. *Le temps du rêve est celui du bâtisseur.* C'est pourquoi durant les derniers mois de la vie fœtale et les premiers qui suivent la naissance, au moment où se construisent les structures cérébrales, la majeure partie du temps est consacrée aux précurseurs du rêve, à ces périodes dites de « sommeil agité ». Si ce type de sommeil habité est consacré à bâtir des structures, à « câbler des réseaux », chaque nuit donne nécessairement naissance à quelque chose qui n'existait pas la veille. Le rêve ne peut donc être photographie d'un passé ; *il est nécessairement préfiguration d'un avenir.*

L'interprétation donnera consistance à cette néoréalité, encore potentielle tant que le rêve reste intérieur. « Néoréalité » est bien la dénomination qui convient aux images et aux mots du rêve, produits par une autostimulation de la fonction cérébrale. Si les constituants des rêves sont fragments désarticulés de souvenirs, d'images, de notions stockés dans la mémoire, la néoréalité du rêve est un assemblage nouveau, la fabrication d'une nouvelle cohérence. C'est ainsi que, tous les soirs, nous nous endormons sur une réalité constituée et passons une partie de notre nuit à la déconstruire, la réduisant à ses constituants élémentaires, avec lesquels nous fabriquons une néoréalité, qui se révélera réalité potentielle. Le rêve invente de nouvelles structures, *il est infatigable créateur de mondes possibles.* C'est cela que nous appelons rêver. Il n'est alors pas étonnant que cette nouvelle construction contienne souvent la préfiguration de ce qui surviendra le lendemain. Interpréter un rêve, c'est conduire cette construction jusqu'à son aboutissement concret. C'est pour cette raison que l'interprétation a ses règles propres pour au moins ne pas gêner la naissance des événements du lendemain et au mieux en assurer l'avènement harmonieux.

Un interprète de rêves est donc un accoucheur de lendemains.

La règle d'éclaircissement rétroactif

Une première règle, que l'on doit considérer comme très générale, puisqu'on la retrouve chez tous les interprètes de rêves, au fil des cultures, est celle que j'appelais plus haut, dans mon commentaire du rêve de Teresa, d'« éclaircissement rétroactif ». À partir du rêve, l'interprète construit un scénario, différent de celui du rêveur, qui viendra, *in fine*, si l'interprétation est active, englober le récit du rêve. Une fois l'interprétation énoncée, les singularités du rêve, ses fragments obscurs ou incompréhensibles, viendront s'inscrire dans la normalité du monde.

Prenons d'abord un exemple simple, provenant du manuel de l'incontournable Artémidore. Dans son énumération des parties du corps représentées dans les rêves, traitant des cheveux, il écrit :

> Rêver qu'on a toute la tête rasée, c'est bon pour les prêtres des dieux égyptiens, pour les bouffons et pour ceux qui ont l'habitude de se raser ainsi, pour tous les autres, c'est mauvais. Car cela signifie même chose que la calvitie, sauf que cela rend les maux plus violents et sommaires (p. 37).

Supposons donc que ce rêveur de l'Antiquité se voie en rêve le crâne rasé. L'interprétation pourrait en être, soit : « tu deviendras prêtre du dieu Amon », soit : « tu présenteras ton spectacle de cirque devant l'empereur », si ces énoncés sont compatibles avec la vie réelle du rêveur. Sinon, l'interprétation pourrait en être inverse : « tu seras condamné à une peine de travaux publics » car, comme le précise plus loin Artémidore, « c'est précisément une marque distinctive chez les condamnés » que d'avoir le crâne rasé. L'incongruité de la calvitie du rêveur devient compréhensible si l'on admet qu'il pourrait par exemple devenir prêtre d'Amon.

L'interprétation construit donc un scénario, propose un monde possible dans lequel l'image du rêve, qui semblait déplacée au premier regard, se révèle parfaitement adaptée. Si le rêveur devient prêtre d'Amon, il est normal qu'il ait le crâne rasé puisque telle est la coiffure habituelle des prêtres de ce dieu. Cette règle d'interprétation présuppose une théorie du rêve, de sa construction, tout du moins. Elle postule que le rêve part d'une idée (« je deviendrai prêtre d'Amon »), cherche une représentation à cette idée (le crâne rasé) et la met en scène dans le rêve.

C'est très précisément ainsi que fonctionnent les rêves, qui trouvent leur origine dans des *concepts* (ici, la prêtrise), recherchent des *percepts* dans le stock mnémonique (la calvitie), en fabriquent des composites et débouchent quelquefois sur des *affects* (« prêtre d'Amon, voilà une fonction digne de moi ! »). Il est faux de penser, comme l'a postulé la psychanalyse, que le rêve est d'abord expression pulsionnelle. Il est avant tout pensée, et la plupart du temps pensée abstraite, cherchant à se rendre perceptible au rêveur. Mouvement perpétuel, ébullition sensible à qui y prête attention, comme une usine en travail, le rêve fabrique sans cesse de nouveaux scénarios à partir de concepts. L'image n'est pas la nature du rêve, elle est sa chance, son débouché vers la perception. L'affect n'est pas constitutif du rêve, il est un appât pour l'attention, une sorte de leurre pour contraindre le rêveur à l'innovation. Ce qui correspond d'ailleurs aux observations des neurophysiologistes qui ont noté de leur côté que le rêve s'accompagnait très rarement de manifestations émotives.

Un deuxième exemple, provenant d'un tout autre monde culturel, tiré du *Grand Livre de l'interprétation des rêves* de Muhammad Ibn Sîrîn (haut Moyen Âge arabe). Il s'agit d'un dialogue entre rêveur, interprète et commentaire :

> — J'ai vu en rêve, sur les balcons de la mosquée, une colombe blanche dont la beauté me ravissait. Soudain, un faucon s'abattit sur elle et la prit.
>
> — Si ton rêve se vérifie, lui a dit l'interprète, al Hajjaj épousera la fille d'Abdullah Ibn Ja'far. Peu après, l'événement s'est effectivement réalisé (p. 447).

L'interprète annonce au rêveur que la fille d'Ibn Ja'far épousera al Hajjaj – et c'est ce qui arriva. Nous voyons donc ici fonctionner une interprétation relativement simple, où la colombe renvoie à la jeune fille et le faucon, au guerrier. L'intérêt provient du fait qu'Ibn Sîrîn donne ensuite les détails de la construction technique de l'interprétation :

> Interrogé sur les chemins qui l'ont conduit à cette interprétation, l'interprète a répondu (non sans humour) :
>
> — La colombe figure la belle femme. Sa blancheur, la pureté de la lignée. Et je ne connais pas à notre époque une belle femme aussi pure de sa lignée que la fille d'Abdullah Ibn Ja'far. J'ai ensuite examiné le sens du faucon, volatile qui figure l'Arabe, jamais le Barbare. Or, parmi les Arabes, je ne vois pas plus puissant rapace qu'al Hajjaj Ibn Youssef.

L'univers mis en scène par l'interprétation est celui de l'équivalence entre le monde des oiseaux et le royaume des humains. Dans cet univers, la colombe blanche est belle jeune fille de noble extraction et, sachant l'intérêt des Arabes pour cet oiseau, le faucon, impitoyable guerrier. Le rêve dit : si les hommes étaient des oiseaux, la fille d'Abdullah serait une colombe, al Hajjaj, un faucon.

Cet exemple, accessible dans sa construction grâce aux explications d'Ibn Sîrîn, nous informe sur la façon dont doit être présentée l'interprétation, toujours comme une prédiction : « al Hajjaj épousera la fille d'Abdullah Ibn Ja'far ».

Ici, elle s'accompagne d'une précaution, sans doute nécessaire du fait de l'identité du rêveur : « Si ton rêve se vérifie… » Mais il n'existe aucun doute sur la signification du rêve, il annonce un mariage et l'interprète a identifié très précisément les protagonistes. Là aussi, l'incongruité initiale (pourquoi donc ce rêveur voit-il en rêve la capture d'une colombe par un faucon ?) est gommée par l'interprétation. Et, de plus, on est informé des intérêts du rêveur qui se préoccupe des alliances matrimoniales dans un certain milieu.

Le troisième exemple est une interprétation provenant d'un corpus juif du XVIe siècle ; il est tiré de *La Clef des rêves* de Chélomo Almoli. Dans une liste comportant 1 233 items, répertoriant des scènes susceptibles d'apparaître dans les rêves, l'item 1 040 est consacré au commentaire de scènes où le rêveur s'accouple avec une femme mariée…

Cohabite avec une femme mariée :

- signe de réussite et de gains
- sa part dans le monde futur lui est promise, à condition de ne pas avoir pensé à elle la veille (il recevra sa part et la part de son ami au paradis…)

• d'autant plus la cohabitation avec une femme mariée, comme il est écrit : « Douces sont les eaux volées »…
• signe de querelles
• deviendra président d'un tribunal rabbinique (p. 234).

Dans cet exemple, l'interprète décline les différents « concepts » pouvant être représentés par la scène de rêve « relation sexuelle avec une femme mariée ».

— D'une certaine manière, « cohabiter avec une femme mariée », c'est s'approprier les biens d'un autre. De ce fait, ce rêve pourrait annoncer une réussite financière à venir, puisque ses propres biens seront augmentés de ceux d'un tiers.

— Puisqu'il s'agit de cumuler sa part et celle d'un autre, ce rêve pourrait aussi annoncer une double part dans le monde futur.

— Étant entendu, comme il est dit dans le Talmud, que le plaisir sexuel est la soixantième partie du paradis, le plaisir avec une femme mariée est augmenté du fait qu'il s'agit du « fruit défendu ». Ce rêve annoncerait donc que le plaisir serait augmenté.

— Mais, étant donné ce que l'on sait des conséquences d'un adultère, ce rêve pourrait également annoncer des querelles avec des proches, des voisins, des amis, des collègues.

— Dans un autre ordre d'idées, sachant ce que traite un président de tribunal rabbinique, à savoir « les affaires des autres », il pourrait aussi annoncer l'élection prochaine du rêveur en tant que président dudit tribunal.

Nous voyons que là aussi, pour cette série d'interprétations issues d'un tout autre corpus que les deux précédentes (le corpus juif séfarade du XVIe siècle), la grille d'interprétation proposée n'a d'autre but que de gommer l'incongruité de la représentation originelle. Ainsi, si un homme rêve qu'il a une relation sexuelle avec une femme mariée – ce qui l'étonne, surtout s'il n'y a jamais songé éveillé –, l'interprète pourra-t-il lui proposer : « Cela signifie qu'à la prochaine élection tu deviendras président du tribunal rabbinique. »

Voici maintenant un dernier exemple bien plus moderne puisqu'il est emprunté à Freud, dans *L'Interprétation des rêves.* Il s'agit de l'interprétation d'un fragment du rêve d'une jeune femme atteinte d'agoraphobie (peur des grands espaces, se manifestant par l'évitement de la rue).

> Je vais me promener dans la rue en été, je porte un chapeau de paille de forme particulière, dont le milieu est relevé en l'air et dont les côtés retombent de telle sorte que l'un retombe plus bas que l'autre. Je suis gaie et me sens en sécurité et, en passant devant un groupe de jeunes officiers, je pense : vous ne pouvez rien me faire (p. 309).

Freud interprète le rêve de la manière suivante. Le chapeau de forme étrange représente les parties sexuelles de son mari, avec le membre bien dressé et dont un testicule pend plus bas que l'autre. Le rêve vient donc signifier (mais à qui ?) qu'avec un mari « aussi bien doué, on n'a rien à craindre de la part des officiers » (p. 310).

On constate que l'interprétation de Freud est parfaitement comparable à celles des onirocrites anciens, du moins dans sa proposition qu'il appelle « symbolique ». Il suffit de savoir que, pour lui, le chapeau dressé en son milieu représente le sexe érigé du mari pour comprendre pourquoi elle n'a rien à craindre des officiers. Là aussi, l'interprétation vient faire disparaître l'incongruité du texte initial du rêve, mais elle nous laisse sur une question. On ne sait à quoi peut bien servir d'expliquer à cette femme qu'elle se sent protégée du désir qu'elle pourrait éprouver pour des officiers croisés dans la rue. Une telle interprétation présuppose une conception d'un rêve qui reproduit en image l'état psychique de la femme, paralysée par ses propres pulsions, confinée chez elle de peur de subir l'assaut de ses propres tentations. Curieusement, ce rêve fournit une description de son état psychique exactement conforme à la théorie de son thérapeute. Pour Freud en effet, l'agoraphobie est l'évitement du monde de peur de céder à ses pulsions. Quoi qu'il en soit, l'interprétation de Freud s'oppose à celle des onirocrites anciens par le fait qu'elle se contente d'établir un constat, qu'elle n'ouvre sur aucun avenir, sauf celui du traitement psychanalytique.

Nous conserverons de cette énumération transculturelle et transhistorique plusieurs conclusions. D'une part, tous les interprètes évoqués ici, de l'Antiquité à la modernité, offrent une construction qui permet de gommer les éléments inhabituels apparaissant dans les rêves, les inscrivant dans une chaîne de sens commun. La calvitie d'Artémidore, les oiseaux d'Ibn Sîrîn, l'adultère d'Almoli, le chapeau de la patiente de Freud, tous ces éléments qui attirent l'attention – ceux-là mêmes qui étonnent le rêveur – disparaissent emportés par l'interprétation, au profit de significations s'inscrivant dans la vie quotidienne. Notons tout de même que les chaînes de significations selon lesquelles glissent ces éléments sont d'une profondeur et d'une pertinence inégales. Artémidore, fidèle aux principes qu'il énonce d'emblée, s'attache à identifier avec précision le milieu du rêveur. Il nous apprend ainsi, chemin faisant, que les prêtres égyptiens et les acrobates avaient l'habitude de se tondre le crâne, alors que les bagnards étaient tondus par les autorités. Cet intérêt pour les détails, cette nécessaire investigation méticuleuse du contexte, rend l'onirocrite de l'Antiquité attentif à la littéralité du texte du rêve. C'est ce qui en rend la lecture si précieuse, aujourd'hui encore, et qui fait de sa *Clé des songes* un document anthropologique de qualité. On ne se lasse jamais de relire Artémidore, pénétrant par des centaines de pores une société qui respire. Ibn Sîrîn démontre, quant à lui, une connaissance approfondie du milieu dans lequel circule le rêveur. Il sait aussitôt que la jeune fille qui correspond le mieux à la blanche colombe du rêve ne peut être que la fille d'Abdullah Ibn Ja'far. Ibn Sîrîn n'est pas seulement un interprète de rêves, il est aussi un chroniqueur d'une société apaisée qui s'interroge sur les intentions cachées de ses acteurs. L'un comme l'autre examinent donc le rêve et passent ses éléments au crible de leurs connaissances. Pour eux, un onirocrite doit aussi être une personne informée. Et tant mieux s'il en connaît plus que le rêveur ! Le rêveur rêve-t-il d'animaux, l'onirocrite se fera naturaliste ; d'arbres, il se fera arboriculteur ; de dieux, le voilà théologien. Certains parmi les onirocrites que nous avons invités à nous accompagner dans cette réflexion sont même des érudits des textes sacrés.

Ainsi Almoli explique-t-il que, lorsque le rêveur éprouve un sentiment de netteté à tel point qu'il se croit éveillé ; si, de plus, il se rappelle très clairement son rêve, il s'agit alors d'un rêve « prophétique », dont la prédiction se réalisera avec certitude. Pour argumenter ce constat, il cite un passage d'Isaïe qu'il infléchit pour qu'il vienne éclairer son énoncé, à la manière des talmudistes :

> Sachez que les Écritures disent à ce propos (Yéchayahou 29 : 8) : « L'homme affamé s'imagine en rêvant qu'il mange, et à son réveil il a le ventre creux. » Le rêve n'a, ici, pas agi suffisamment sur ses sens et c'est comme s'il n'avait pas rêvé (p. 38).

Les rêves « effervescences », ceux qui ne méritent pas l'intérêt de l'onirocrite, apparaissent et disparaissent aussitôt. Pour lui, donc, si le rêve laisse une trace durable dans la mémoire du rêveur, si, de plus, il est accompagné d'une sensation de réalité, comme si la personne n'avait pas rêvé, mais réellement vécu ce qu'elle évoque, alors c'est bien d'un « rêve vecteur » qu'il s'agit, d'une véritable prophétie, un savoir sur l'avenir, peut-être donné par Dieu. Car si le rêveur ne sent pas de frustration au réveil, c'est qu'il a été « rassasié de réalité » en rêve et donc que son rêve se réalisera avec certitude. C'est non seulement de sa connaissance des Écritures qu'Almoli tire son interprétation du rêve – ou plus précisément de la sensation laissée par le rêve –, mais aussi d'un commentaire talmudique et personnel de ce texte. À le lire, on se dit que l'onirocrite doit également être savant et habile dans le maniement des textes.

Le choix des éléments signifiants

Le problème de l'interprétation provient du fait qu'il existe autant d'éléments possibles dans les rêves que d'idées dans le monde. Ce sont essentiellement les idées telles que les envisageait Platon, c'est-à-dire la préfiguration des objets et des mouvements. Ce sont elles qui sont les motions du rêve – des concepts, des pensées, des constructions, des projets, en un mot les *percées mentales contre le roc du destin et de l'inertie.* Le rêve est élan, échappée d'un esprit libéré de la pesanteur des sens et de l'obligation du mouvement, un esprit seulement guidé, nous l'avons vu, par les yeux et le sexe, deux fonctions prises de frénésie dans les phases oniriques. Considérons le problème de celui qui souhaite apprendre à plonger. Ce qu'il aura à faire, il ne l'a jamais fait. Projeter sa tête en avant et vers le bas, alors que la vie quotidienne l'a habitué à la tenir au plus haut et en arrière. Il le fait une première fois, il ferme les yeux. Le contact bienfaisant de l'eau, la réconciliation avec le mouvement, comme si les éléments se soumettaient à la personne, l'élation du corps tout entier, tout l'incite à recommencer. Il fermera peut-être encore les yeux ; il aura sans doute un premier mouvement de recul, mais l'expérience l'a convaincu des bienfaits ; il s'attend au plaisir. Il s'élance. Ainsi devons-nous envisager le rêve, chaque rêve : l'apprentissage du plongeon.

LE NOM

Il faut d'abord tout connaître du rêveur – ce qu'il est possible de connaître, tout en le questionnant le moins possible. Les questions sont malvenues car elles laissent à croire que ma pensée résultera des réponses, ce qui est faux ! Ce que je penserai de son rêve s'origine de plus loin, de bien plus d'éléments que ceux qu'il me fournira ; de leur réorganisation, aussi. Tout connaître du rêveur... son nom, en premier lieu, et le nuage de significations qui l'entoure. Tous les noms ont un sens et une histoire. Les noms sont à la fois souvenirs et destinées. Au moment du choix du prénom, c'est comme si l'on pensait que l'enfant à naître allait saisir l'ambiance du moment, s'en imprégner, l'incarner, surtout, pour la faire évoluer au travers du déroulement de sa vie. Le choix d'un prénom est aussi une lutte contre la rigidité de la vie sociale car celui qui le portera le fera craquer, lui insufflera une nouvelle âme, de nouvelles connotations, lui donnera vie.

Je prendrai d'abord un exemple qui paraîtra exotique, mais qui était, naguère encore, commun dans les populations d'Afrique centrale, notamment au Congo. Voilà une toute jeune femme qui va donner naissance à son premier enfant. Elle n'est pas mariée, a peu de liens avec sa famille. Elle a eu une première relation amoureuse avec un jeune homme d'une famille très éloignée de la sienne. Ils ne sont pas du même village, les parents ne parlent pas la même langue, ils n'ont pas les mêmes coutumes. Dans des circonstances « normales », s'ils ne vivaient pas dans une grande métropole, nul ne songerait à réunir ces deux jeunes gens. Ils ne se seraient d'ailleurs probablement pas rencontrés. Lorsque la famille du jeune homme apprend la grossesse, elle s'oppose violemment au mariage. La mère du jeune homme, ses oncles maternels, tout le monde se met en branle pour éloigner la jeune fille. Mais les jeunes gens tiennent l'un à l'autre. Ils passent leur temps ensemble, tricotent des projets d'avenir. Il finit par obtenir d'héberger sa fiancée dans la maison familiale. Elle n'est pas la bienvenue ; elle est maltraitée, insultée. Elle pleure beaucoup, tous les jours, en accomplissant les travaux du ménage, en tentant de nouer des liens avec ses belles-sœurs. Finalement naît à terme un beau bébé, un garçon de trois kilos et demi. Comment le nommera-t-on ? C'est naturellement à la famille de la mère de donner le nom. On interroge les anciens. Leur réponse est unanime : il s'appellera « Dieu merci ! » Et tout le monde de comprendre… Il ne s'agit pas seulement d'un mot, mais d'une phrase. « Avec tout ce que la maman a enduré durant la grossesse, avec tous les coups qu'elle a reçus, toutes les larmes qu'elle a versées, toute l'amertume de ses mois de grossesse, que cet enfant soit tout de même vivant et en bonne santé, c'est un vrai miracle…

Dieu merci !… "Dieu merci". » Voilà son nom. C'est bien sûr la phrase entière qui désigne l'enfant. Le souvenir des souffrances de sa mère est venu s'inscrire dans son nom. Pour « marquer le coup », comme on dit, pour en préserver le souvenir. Mais comment se conservera-t-il, ce souvenir ? Dans la vie quotidienne, tout le monde aura bientôt oublié les circonstances de sa naissance. L'enfant aura probablement un surnom. On ne l'appellera pas « Dieu merci ! » mais peut-être « Johnny » ou « Petit Papa ». Sa mère aura finalement réussi à faire sa place dans sa belle-famille. Mais dans les moments importants de sa vie, lorsqu'il tombera malade, par exemple, le guérisseur interrogera alors la famille, il « ouvrira » son nom. Les circonstances de sa naissance remonteront à la surface et donneront lieu à interprétations, à réparations. Voilà des significations qui seront utiles à l'interprète de rêves. Le nom, le vrai, « Dieu merci ! » et les commentaires qui l'ont accompagné tout au long. Rappelons que, dans la Bible, tous les enfants de Jacob sont dénommés selon ce même principe. Pour seul exemple, la naissance d'Issachar : « Léa dit : "Dieu m'a donné ma récompense parce que j'ai donné ma servante à mon mari." Elle appela son nom : Issachar. » « Ma récompense », en hébreu *séchari*. L'enfant s'appellera « récompense », *Issachar*. Et Issachar conservera dans son nom, tout au long de sa vie, l'empreinte du sacrifice consenti par sa mère.

Exemples extrêmes de l'importance du nom, à la fois mémoire et destinée, défi, aussi, rappel des rigidités à fracturer pour construire son parcours comme une victoire contre la fatalité. Exemples extrêmes, sans doute, mais qui attirent l'attention sur le fait que le nom est un concept et que le rêve se construit sur des concepts. Ainsi le rêveur pourra-t-il être représenté dans le rêve par son nom – non pas explicitement, mais par une mise en images du concept incarné. Tel Didier mettra en scène le désir d'enfant pour se représenter en rêve puisque Didier dérive du mot latin qui signifie « désiré » ; tout comme Issachar l'est dans la Bible par « la récompense », tout comme les Charles, les Louis et les Henri pourront être représentés par des rois, et ainsi de suite.

Lorsque le rêveur est ainsi représenté par le concept de son nom, il s'agit véritablement de lui – je veux dire que, dans ce cas, le rêve le concerne tout particulièrement et la prédiction qui pourrait découler de l'interprétation sera une part de son histoire personnelle. Alors que, lorsque le rêveur apparaît – et, dans la plupart des cas, il apparaît en pleine action, en train de courir, de marcher, de parler, de conduire une voiture, d'arroser son jardin… –, sa présence est dans ce cas simple support du concept. D'où l'importance de savoir distinguer le nom du rêveur dans le texte d'un rêve.

LE MONDE CULTUREL DU RÊVEUR

Le lecteur a deviné l'importance de l'environnement culturel du rêveur, de sa langue, de sa religion, des origines de sa famille, des êtres culturels qui sont connus dans son monde, admis dans ses coutumes, éventuellement conviés par sa famille – je veux dire : auxquels sa famille rend un culte. Les souvenirs se rapportant à ces domaines ont souvent constitué des sortes de contenants susceptibles d'accueillir bien des questions ultérieures. Ils sont devenus cadres délimitant les sujets d'importance, écrans sur lesquels projeter les scénarios du jour ou plutôt du lendemain. Artémidore l'avait parfaitement saisi qui ne cessait d'y insister. Par exemple dans la remarque suivante :

> En Ionie, les jeunes Éphésiens luttent à leur plaisir contre les taureaux, de même en Attique, près des déesses d'Éleusis, les garçons d'Athènes selon les révolutions des années, et à Larissa, ville de Thessalie, les plus nobles d'entre les habitants, alors que dans le reste de la terre habitée, cela n'arrive qu'aux condamnés à mort (p. 29).

Un taureau n'a évidemment pas la même signification dans le rêve d'un Éphésien et dans celui d'un Athénien. Pour Artémidore, il convient donc, avant de s'aventurer dans une proposition au sujet d'un rêve, de saisir une image, une action, un mot tiré d'un rêve, de situer avec précision le monde culturel du rêveur, parce qu'un même élément peut prendre un tout autre sens chez l'un ou l'autre. Relativisme culturel de bon aloi, évident lorsqu'il s'agit de penser abstraitement l'interprétation, difficile à mettre en œuvre, tant les hommes sont mélangés et les cultures, intriquées les unes aux autres. Il nous faut néanmoins retenir la leçon, bien plus encore aujourd'hui, dans un monde ouvert, où l'exhibition des différences est malvenue, où les appartenances proclamées sont volontaires et par conséquent mobiles, où les traversées des frontières culturelles tiennent plus de *la* mode que d'une participation à *un* mode d'être. La mondialisation pénètre tous les interstices de la vie ; elle s'infiltre aussi dans le rêve. Aussi est-il plus difficile que par le passé d'assigner une image à un mot, de s'aventurer dans l'interprétation « symbolique ». Il faut toutefois garder à l'esprit que, étant machine conceptuelle, le rêve reste peu sensible aux apparences. Il nous faudra des références solides. Outre les informations fournies par le rêveur lui-même, on pourra s'orienter à partir de deux repères : les rituels auxquels le rêveur a pu participer dans son enfance et les récits traditionnels – mythes, faits et gestes des héros, contes pour enfants et récits édifiants… Il n'en reste pas moins qu'une fois de plus il faut éviter les listes de symboles qui auraient valeur universelle, qui ne savent ni le nom ni l'origine du rêveur, qui négligent sa langue et les matrices de récits transmis par sa tradition.

Car il n'est aucune grille universelle en matière d'interprétation des rêves.

> Pour toutes ces raisons l'interprète doit être tel qu'on l'a décrit : cultivé, intelligent, perspicace, craignant Dieu, connaissant les conditions des hommes, leurs règles de vie, leurs lois et leurs mœurs.

Voilà ce qu'écrivait Muhammad Ibn Sîrîn dans son *Grand Livre de l'interprétation des rêves* (p. 31).

Un djinn à la peau noire

J'ai évoqué rapidement, dans un ouvrage récent intitulé *À qui j'appartiens ?*, le rêve d'une jeune femme reçue en consultation. J'y reviens ici dans le contexte précis de l'interprétation. Ce rêve m'a été soumis au cours du premier entretien que j'eus avec elle. Quelque temps plus tard, la patiente relata ce rêve à une voyante guérisseuse, dans son village familial, au sud du Maroc. Nous verrons comment deux professionnels aussi éloignés, l'un au sein de l'Université française, l'autre dans la campagne du Sud marocain, se sont comportés devant le récit d'un même rêve. Cette jeune femme, lettrée, titulaire d'une maîtrise d'histoire, étudiante en sciences politiques à Paris, souffrait depuis l'enfance de troubles étranges. Elle s'évanouissait de manière soudaine et incompréhensible. Les premières crises étaient apparues à l'âge de 5 ans, puis avaient disparu sans laisser de trace durant des années. Elles étaient réapparues à l'âge de 14 ans, de manière répétée. On avait alors craint un syndrome épileptique, mais, les examens électroencéphalographiques s'étant révélés négatifs, on s'abstint de traitement chimique. Cette seconde rafale de crises d'évanouissements avait duré quelques mois et tout était à nouveau rentré dans l'ordre. Mais, depuis qu'elle avait quitté sa famille pour venir étudier en France, les crises se répétaient sans discontinuer, presque chaque jour, chaque fois plus violentes, plus inquiétantes. La dernière en date avait nécessité un mois d'hospitalisation à l'issue duquel j'avais reçu la jeune femme.

Khadra était alors âgée de 23 ans. Elle m'apparut comme une jeune femme moderne, élégante et cultivée. Je me souviens d'avoir pensé en la voyant qu'elle semblait singulièrement sereine pour quelqu'un qui venait de traverser tant d'épreuves. Elle me relata la survenue des crises, toujours selon un même déroulement. Les picotements au bout des doigts en étaient les prodromes. Les pieds qui devenaient ensuite glacés, la tête en feu, une vague envie de vomir, un vertige… Et puis soudain l'absence, le retrait brutal, la chute, parfois violente, parfois à l'origine d'ecchymoses et de contusions. Avait-elle quelque pensée avant la crise ? Aucune ! Seulement une épouvantable migraine après ! Apercevait-elle des images qui auraient pu la traverser, peut-être ? Aucune image ! Rien que des sensations, qu'elle ne savait d'ailleurs décrire avec précision… Des cercles ; quelque chose qui tourne, le vertige ! Et puis nous avons eu un entretien au cours duquel elle me relata un peu sa vie parisienne. J'imaginais des problèmes de jeune fille, des déceptions amoureuses, peut-être. Elle me parla de ses interrogations théoriques, du mémoire qu'elle préparait sur la politique de son pays en Afrique subsaharienne. Décidément, il y avait quelque chose de troublant, comme si le texte ne correspondait pas à l'image. Je finis par lui demander si elle n'avait pas un prétendant, un fiancé… Peut-être se trouvait-il au pays à l'attendre ? Non !, répondit-elle sans ciller, elle était célibataire. Le mot me surprit. Il ne convenait pas à une jeune fille marocaine. Elle aurait pu dire qu'elle attendait de trouver son mari, non pas qu'elle était « célibataire ». Elle ajouta que cela attristait ses parents, d'autant que sa sœur, sa cadette, était déjà mariée et mère d'une charmante gamine de 2 ans. J'insistai… Pourquoi ne parvenait-elle à trouver de mari ? Elle tourna ma question en dérision. Mais parce qu'elle ne cherchait pas, voilà tout ! Elle voulait d'abord terminer ses études. Elle refusait tous les prétendants, ceux que lui présentaient ses parents, ceux qui lui tournaient autour à l'université… Je me dis que la place ne pouvait pas être ainsi vacante. Si aucun jeune homme ne l'occupait, il devait exister d'autres personnages. C'est alors qu'elle me raconta le rêve, pas véritablement un rêve, d'ailleurs, seulement un fragment, quelques images qui l'avaient impressionnée. Un homme l'avait poursuivie, en effet, mais c'était en rêve, un homme dont elle ne pouvait distinguer clairement le visage. Elle savait seulement qu'il était grand, très grand, la peau noire et une odeur se dégageait de lui. Et puisqu'on parlait d'odeur, elle hésita un moment, un peu honteuse, avant d'ajouter qu'il s'approchait d'elle et la reniflait, comme un chien. Pour moi, elle entretenait un commerce régulier avec un être de la nuit.

Quelques jours plus tard, ses parents finirent par la convaincre de rentrer se reposer au Maroc. Durant son séjour au pays, la mère de Khadra la conduisit chez Lala 'Aïcha, la guérisseuse, qui faisait partie de la confrérie des Gnawas. La vieille sortit son panier de coquillages et s'assit par terre, invitant Khadra à prendre place face à elle. Elle piochait des coquillages qu'elle jetait devant elle, puis elle les ramassait d'une main experte, en piochait une nouvelle poignée, faisait une moue étonnée, recommençait. Finalement elle leva sur Khadra un œil soupçonneux :

— N'aurais-tu pas rêvé ?, lui demanda-t-elle, rêvé d'un homme ?

— Oui !, avoua Khadra dans un souffle, un homme à la peau noire.

— Hum, grogna seulement la guérisseuse qui continuait à piocher dans son panier de cauris.

Khadra lui raconta, tout comme à moi, l'étrange comportement de l'homme noir du rêve. À l'issue de cette consultation, Lala 'Aïcha ne fit aucun commentaire. Mais elle ordonna d'organiser une *lila*, une « nuit thérapeutique » pour Khadra. La famille ne discuta même pas et mit en œuvre la recommandation de la guérisseuse au plus vite. Dès la fin de la matinée, ils commencèrent à arriver dans la cour de la maison de Casa, les hommes noirs, les Gnawas, dont on disait qu'ils descendaient des esclaves que les marchands arabes avaient ramenés du Ghana ou de Guinée… Ils s'installaient avec leurs instruments de musique, les tambours, d'abord, de plusieurs sortes, et les violons à trois cordes, les *santir*, qu'ils accordaient en devisant, et les crotales de cuivre. Et puis ils ont sacrifié le mouton – c'était un bélier, un gros, à tête noire. Khadra s'était sentie mal au moment où le sacrificateur déposa, de la pointe de son couteau, une goutte de sang sur son front. Le soir venu, toute la troupe s'installa – ils étaient bien une trentaine ! Il y avait les vieux musiciens, les maîtres des *mlouks*, autrement dit : des « propriétaires ». S'agit-il des « propriétaires du sol » ou des « propriétaires des humains » ? À moins qu'il s'agisse des « habitants », ceux qui viennent les « habiter », puisque d'une possédée, on peut dire d'elle qu'elle est *mamlouka*, « habitée », justement. Il y avait aussi les psalmistes, les voyantes et les adeptes. Ils étaient tous là, réunis pour Khadra dans cette maison cossue des beaux quartiers de Casablanca.

Les tambours commencèrent leur interminable rythme ternaire – deux brefs, un long – longtemps seuls, pour réchauffer les peaux. Puis les violons arrivèrent, ils étaient bien sept ou huit violonistes qui entamèrent certaines mélodies bientôt reprises par les chanteurs. D'un certain côté, le rythme évoquait la marche de la caravane en plein désert au pas du chameau, de l'autre, cette litanie était comme un souffle qui n'en finissait jamais, la respiration régulière et bruyante d'un animal invisible. Au bout d'un moment, les adeptes tombèrent en transe, les uns après les autres. Ils étaient pris de mouvements désordonnés. On sentait que le contrôle de leur corps leur échappait. Ils tourbillonnaient, trébuchaient, tombaient, se relevaient. Leurs *mlouk*, leurs esprits, leurs « propriétaires », reconnaissaient chacun le rythme et le psaume qui leur étaient adressés. Et lorsque les adeptes tombaient, les assistantes se précipitaient vers eux pour les recouvrir de voiles de couleur, une couleur pour chaque *melk*, pour chaque esprit. Puis les musiciens jouèrent leur cinquième série, le rythme et le chant d'un *melk* à la peau noire que l'on appelait Sidi Mimoune. C'est à ce moment que Khadra tomba à son tour. Mais cette chute ne ressemblait pas aux évanouissements de sa maladie. Celle-là était attendue, préparée. C'était pour parvenir à cette chute que l'on avait élaboré toute cette « mise en scène », ce véritable ballet. Les mouvements en semblaient même codifiés, comme prévus d'avance, s'inscrivant d'emblée dans des significations. Je dois reconnaître, un peu contrit, que je n'avais rien su faire du rêve de Khadra alors que Lala 'Aïcha avait conduit tout ce petit monde du rêve jusqu'à la fête et à la transe.

Que dire maintenant de ce fragment de rêve où Khadra apercevait un homme à la peau noire qui s'approchait d'elle et la reniflait comme le ferait un chien ? Pour moi comme pour la voyante marocaine, le rêve trahissait la présence d'un être, d'un invisible, près de Khadra. Quant à moi, j'ai focalisé mon attention sur le fait qu'occupant la place de l'époux il empêchait Khadra de s'intéresser à sa vie de jeune fille. Mais la voyante marocaine a réagi tout autrement. Pour elle, un rêve appelle nécessairement une action. Elle s'est seulement contentée de pointer la présence du *melk* par sa question : « N'aurais-tu pas rêvé ? Rêvé d'un homme ? » Puis, sitôt la confirmation obtenue, elle avait ordonné une *lila*, cette fameuse « nuit thérapeutique » des Gnawas. Pour elle, le rêve n'appelait pas une interprétation, mais demandait une réponse – comme s'il avait fallu corriger dans la vie réelle les désordres dont on lisait les signes. Pour Lala 'Aïcha, le rêve impliquait le rite, tout comme le *melk*, le « propriétaire », exigeait la transe. S'il avait fallu formuler son interprétation – ce n'était pas une interprétation *stricto sensu*, plutôt une poursuite de l'action du rêve dans la vie éveillée –, elle aurait pu être quelque chose comme : « Suite à ce rêve, tu organiseras une *lila*. Pour cela, tu sacrifieras un mouton à tête noire et donneras la *sadaka*, c'est-à-dire l'aumône, à la confrérie des Gnawas. »

Que dire enfin du contenu du rêve ? Comme on vient de le voir dans cet exemple, il est impossible d'interpréter correctement un rêve si l'on ne connaît pas le contexte culturel du rêveur. Il aurait été bien difficile de deviner que le rêve de Khadra, dans un tel contexte, signifiait l'appel au rituel *gnawa*. Plus même, celui qui ne connaît qu'imparfaitement l'environnement familial, de l'extérieur, pour ainsi dire, pourra peut-être comprendre les implications du rêve, mais ne disposera pas des relais sociaux permettant d'organiser son débouché dans le monde réel.

Nous retiendrons, quoi qu'il en soit, la recommandation d'exclure toute table d'équivalences sans contexte culturel du rêveur, sans rites, y compris ceux que lui-même peut ignorer, mais qui constituent le patrimoine de sa famille. Nous nous rendons compte, une fois encore, que les auteurs les plus anciens, tels qu'Artémidore ou Ibn Sîrîn, étaient attentifs à cette dimension, à la différence de bien d'autres plus tardifs, notamment nos contemporains.

> Si tu ignores les coutumes locales et le trait particulier de chaque lieu, informe-t'en. Des voyages et des lectures t'en assureront principalement la connaissance : car ce ne sont pas seulement les livres d'onirocrite qui peuvent instruire, mais aussi les autres matériaux (Artémidore, p. 224).

Ou encore, Chélomo Almoli, dont on pourrait presque penser qu'il écrit à la suite d'Artémidore :

> On voit ici que les imbéciles qui se vantent de connaître cette sagesse et interprètent les rêves sans juger d'après les circonstances ne savent rien (p. 95).

LES JEUX DE MOTS, MAXIMES ET AUTRES EXPRESSIONS

Bien des interprétations d'Artémidore sont fondées sur des jeux de mots qui, cela va de soi, n'ont de sens qu'en grec, ou quelquefois dans des langues proches. Exemples :

> Rêver qu'on a une grosse tête... Pour l'usurier, le banquier, le collecteur des contributions, cela présage que la collection des sommes sera plus grande : et de fait les richesses sont dites des « capitaux » (p. 35).

Car, en grec, *kephalaïa* signifie « capitaux » et provient de *képhalé*, « la tête » (tout comme en latin, d'ailleurs, *capita*, pluriel de *caput*, « la tête », signifie « somme totale » ou « capital »). De même, l'interprétation des cheveux longs vus en rêve qui annonceraient deuils et chagrins :

> Les cheveux qui sont longs mais négligés annoncent à tous deuils et chagrins, en tant qu'ils ne semblent plus une chevelure (en grec : *come*), mais un poil touffu ; car « prendre soin de » est *coméïn* (p. 36).

Ainsi, des cheveux qui ne sont plus « *come* », qui ne sont plus une chevelure, par conséquent, ne sont pas non plus signe de *coméïn*, de « prendre soin » de son apparence, rappelant ainsi les personnes en deuil qui, en règle générale, se négligent.

Ces interprétations, qu'il est légitime de penser totalement arbitraires, sont néanmoins régies par des règles. Comme je le faisais remarquer d'emblée, elles ne peuvent être valides que dans la langue du rêveur – ce qui exclut d'utiliser ce type d'équivalences lorsqu'elles sont traduites d'une autre langue. C'était déjà le cas pour certaines interprétations intriquées avec les mythes d'une culture donnée, comme pour les rêves de dents ou ce qu'Artémidore appelait « rêves d'Œdipe ». D'autre part, ces interprétations circulent très vite et deviennent des sortes de modèles passe-partout – c'est précisément ce qui est susceptible d'induire en erreur.

Un autre exemple de jeux de mots, trouvé dans le Talmud de Babylone, est étonnant du fait que les mots qui attirent l'attention de l'interprète sont en grec alors que les protagonistes parlent manifestement araméen :

> Le Saducéen a dit ensuite à rabbi Yichmaël : « J'ai vu dans mon rêve qu'on me disait : ton père t'a laissé des biens en Cappadoce. » Le rabbi demande si le rêveur a des biens en Cappadoce. « Non », répond le Saducéen. Il demande si son père s'est rendu en Cappadoce avant de mourir. « Non », répond encore le Saducéen. « Alors, déclare enfin Yichmaël, l'argent se trouve sous la dixième poutre de ta maison. »
> Explication : « Kappa » signifie « une poutre » (en grec et en persan) et « dika » signifie « dix » (en grec). « Va voir la poutre qui est à la tête des dix, car elle est pleine de *zouzim* (de pièces de monnaie) » (Talmud Bavli, traité Berakhot, 56b[2]).

Freud, on le sait, a très largement fait usage d'interprétations fondées sur des jeux de mots. Après lui, les psychanalystes en ont usé et bien souvent abusé. Même si l'interprétation le long d'un jeu de mots, d'une expression imagée ou argotique est active en allemand, le problème se pose lorsque ces interprétations traversent les langues et se retrouvent, de manière inexplicable, dans d'autres langues. Ainsi en est-il de l'interprétation de la perte d'une dent comme acte masturbatoire.

> Mais je dois encore indiquer une autre concordance dans notre langue. Il y a dans nos pays une expression grossière pour exprimer la masturbation : *sich einen ausreissen* [litt. « s'en arracher un »], ou *sich einen herunterreissen* [litt. « s'en faire tomber un »]. Je ne saurais dire d'où viennent ces expressions, quelle image est au fond ; mais la « dent » s'accorderait très bien avec la première (p. 333).

À supposer qu'en allemand « s'en arracher un » signifie ce qu'en français argotique on désignerait par « étrangler le borgne », faire une « fantaisie sur la tringle » ou encore « battre la crème », il va de soi que le rêve de perte de dent ne renverrait à la masturbation que pour un rêveur allemand. Un Français devrait plutôt se voir étrangler un homme affublé d'un bandeau sur un œil ou grimper à la tringle d'un rideau. De telles remarques pour inciter à la prudence ; car, même si le recours aux jeux de mots se retrouve chez de nombreux onirocrites, et cela à toutes les époques, ils doivent être maniés avec circonspection et, en tout cas, au maximum une fois par rêve. Car on comprend qu'un rêve qui part du concept et cherche mots et images pour l'exprimer puisse s'emparer d'une expression, d'un calembour, suivre le chemin tracé par un jeu de mots. Cette image, ce condensé de sens, se trouvera au centre du rêve, son point focal, et exclura de ce fait d'autres recours à ce type de glissements dans le même rêve.

Les onirocrites de tradition religieuse, musulmans et juifs, principalement, utilisent de même des expressions issues des textes sacrés pour établir leurs équivalences. Cette méthode ne diffère pas, en son principe, de la recherche des jeux de mots par les interprètes modernes et profanes. Ainsi, Chélomo Almoli propose d'interpréter le puits vu en rêve soit comme la Torah, soit comme la vie. Et il le fait en suivant des expressions issues du texte :

> *[Le rêveur] voit un puits* : il trouvera la Torah, comme il est dit : « Ils y découvrirent une source d'eau vive » (Genèse 26 : 19). Rabba a dit : il trouvera la vie, comme il est écrit : « Celui qui m'a trouvé a trouvé la vie » (Michée 8 : 35).

Pour dériver du puits à la Torah, puis à la vie, l'onirocrite a trouvé des citations de textes religieux, la Genèse d'abord, talmudiques ensuite, pour les placer au centre du noyau du rêve. Ce type d'interprétation qui atteste l'équivalence en référence à un discours tiers (jeu de mots ou citation) est toujours plus faible que les interprétations qui éclairent rétroactivement l'ensemble du rêve. Trop « faciles », pourrait-on dire, laissant une sensation d'arbitraire, on devrait seulement les considérer comme interprétations de secours.

L'accent du rêve

À considérer le texte du rêve, tout est variable, tout est mobile, tout peut y être représenté. Il semble que le rêve fasse appel à toutes les possibilités, qu'il intègre ce qui peut être montré, qu'il invente sans cesse des représentations pour les notions abstraites qui n'en disposent pas. On peut affirmer que tout ce qui nous parvient du monde et de nous-mêmes peut trouver place dans un rêve. Le rêve est la vie. Il est en vérité plus que la vie, puisqu'il prend acte de ce que nous en avons perçu, retenu, organisé. Il s'en empare pour le déconstruire, le fragmenter, en particules qu'il réagence en un nouvel ordre. Il serait plus exact de dire en un nouvel essai, car le rêve n'est jamais satisfait du résultat. Il recommencera un nouvel arrangement et à nouveau, et encore, jusqu'au bout de la nuit. Qui est attentif à ses rêves remarquera combien la créativité onirique est tâtonnante. Le rêve hésite, tente une construction, la propose à un hypothétique spectateur, essaie à nouveau, montre encore, recommence et continue jusqu'à ce qu'un récit puisse enfin se dérouler. Et, de tous les récits proposés, celui qu'on retient est en général le dernier rêve de la nuit, le plus long. D'un certain point de vue, on pourrait même dire que la plupart des rêves d'une même nuit sont un seul et même rêve, tentatives toujours recommencées de parvenir au récit le plus cohérent, celui d'une réalité possible.

On peut trouver l'exemple des tentatives, dans la même nuit, de parvenir au plus près d'une réalité possible dans le fameux rêve du pharaon que Joseph interprète magistralement :

> Pharaon dit à Joseph : « Dans mon rêve, me voici debout sur le bord du fleuve. Et voici, du fleuve montent sept vaches grasses et belles à voir ; elles paissent dans le marécage. Et voici, sept autres vaches montent derrière elles, faibles, très laides à voir et décharnées. Je n'en ai pas vu d'aussi laides dans tout le pays d'Égypte. Les vaches maigres et laides ont mangé les sept premières vaches. Les grasses se retrouvèrent dans les entrailles des maigres et cela ne pouvait se voir car l'aspect de ces dernières était aussi laid qu'avant. Je me suis réveillé » (Genèse 41 : 17-21).

Premier rêve. Il est à la fois cohérent, frappant et particulièrement réaliste. Mais cela ne suffit pas ! La nuit de

Pharaon n'est pas terminée. L'activité onirique se remet à l'ouvrage. Second rêve :

> J'ai vu dans mon rêve, et voici que sept épis montent sur une seule tige, pleins et bons. Et voici que sept épis desséchés, maigres, frappés par le vent d'est poussent derrière eux. Les épis maigres ont avalé les sept bons épis. Je l'ai raconté aux magiciens et nul ne m'a expliqué le rêve (Genèse 41 : 22-24).

Le rêve des épis – la seconde tentative de construire une réalité possible – ressemble bien sûr à la première, mais elle en est une version ultérieure, qui se rapproche plus près encore du concept à la recherche de son expression. Le plus étonnant en l'affaire est que Joseph sait qu'il s'agit de deux amorces d'un même rêve, lui qui répond au pharaon :

> Joseph dit à Pharaon : « *le rêve de Pharaon est un* » (Genèse 41 : 25).

La succession des deux versions évoque infailliblement l'idée que le rêve procède par essais, comme s'il ajustait progressivement l'objectif. S'il agit ainsi, c'est qu'il essaie d'exprimer au mieux une notion, ce que j'appelais plus haut un concept. Dans le rêve de Pharaon, il s'agit de la disparition des bienfaits procurés par l'abondance, « dévorés » par les années de famine. Voilà la matière du rêve, un concept relativement abstrait, qui comporte des implications philosophiques, psychologiques et politiques. Qui vit l'abondance considère qu'elle durera toujours et ne sait prévoir la disette. Car, comme l'avait postulé Parménide, l'instant est éternité. L'être humain est ainsi, prompt à extrapoler les bénéfices de l'instant, à les imaginer infinis. Tel est le premier élément du concept que veut représenter le rêve de Pharaon. Mais le rêve est celui d'un chef d'État. Il ne s'agit pas seulement de dresser un constat, de gémir sur l'imprévoyance des Égyptiens. Il lui faut assumer ses responsabilités. Un chef d'État rêve pour son peuple, pour son pays ; on pourrait presque dire qu'il rêve « sur ordre » – en tout cas, sa fonction n'est évidemment pas absente de son rêve. C'est peut-être une évidence, mais elle doit être rappelée. Le rêveur est plus encore lui-même au tréfonds de son rêve. Ainsi comprenons-nous que le rêve ne contient pas seulement une prédiction – ce que Joseph saisit aussitôt –, il propose aussi une solution aux problèmes que rencontrera inéluctablement Pharaon, et donc l'Égypte. Joseph parvient à déceler l'annonce des années de famine et à déchiffrer le programme pour y remédier. Si le premier rêve annonce les années de disette, le second préconise de stocker du blé. Car, sinon, que viendraient faire les épis du second rêve ? Ils n'ajoutent rien à la compréhension du concept. Si les épis de blé viennent redoubler le concept, en quittant le bétail pour les céréales, ils véhiculent une nouvelle information. Les vaches mourront par manque de fourrage. Si l'on ne peut stocker les vaches, on peut en revanche stocker le blé. C'est ainsi que la fin de l'interprétation de Joseph consiste non pas en une explication, mais en une prescription :

> « Que Pharaon fasse cela : qu'il nomme des commissaires sur le pays et qu'il équipe l'Égypte durant les sept années d'abondance. Que ces derniers rassemblent toute la nourriture de ces bonnes années qui viennent et qu'ils entassent le blé sous la main de Pharaon dans les villes et qu'ils le gardent. Il restera en dépôt pour les sept années de famine qui seront sur l'Égypte et le pays ne sera pas anéanti par la famine » (Genèse 41 : 34-36).

En examinant ce rêve, nous pouvons repérer sur quel élément porte l'accent. C'est le détail incongru, celui qui indique que le rêve n'est pas superposable à la réalité – c'est en général là, en ce point qui focalise l'attention, que réside le concept à l'origine du rêve. Ici, il s'agit bien sûr de cette notion complexe que l'on pourrait résumer par la formule : « La famine dévore l'abondance. » Ainsi pouvons-nous identifier une autre caractéristique du rêve que nous avons croisée à plusieurs reprises, mais qui trouve avec le rêve de Pharaon une illustration particulièrement explicite :

Le rêve met en récit des notions abstraites.

Et c'est pour cette raison que le fœtus rêve beaucoup plus que le nourrisson qui, lui-même, rêve bien plus que l'enfant, et ainsi de suite. Car les premières périodes de la vie sont celles de la mise en place des structures complexes, qui deviendront contenants pour les contenus à venir. Les six premiers mois, le nourrisson intègre la langue en tant que structure, il parlera bien plus tard, vers 2 ans. Il pourrait parler dès son sixième mois – il connaît déjà la langue –, mais chaque parole dite avant l'intégration du système entier est perte d'énergie. Qui creuse un chemin ne s'y promène pas. Il est faux de dire qu'à cet âge l'enfant ne sait pas parler, il pourrait prononcer des mots et même des phrases entières. Mais ces phrases échappées ne seront pas « connectées » avec l'ensemble du système qu'il est en train de construire.

Intégrateur de structures, inventeur de représentations, le rêve est donc beaucoup plus « logique » qu'affectif, dans la mesure où les émotions apparaissant dans le rêve sont soumises à sa dynamique spécifique, qui est de représenter de la pensée abstraite.

On pourrait se demander alors pour quelle raison le rêve ne se contente pas de simplement énoncer en paroles ces pensées logiques qu'il finit par mettre en scène. C'est que la mise en récit est la toute fin du processus onirique. *L'essentiel de l'action du rêve est la déconstruction systématique des contenus de pensée.* Ce sont ces contenus, fragmentés, réduits à leurs parties élémentaires, qui seront recomposés jusqu'à constituer ces nouvelles entités conceptuelles dont le rêve fera finalement un récit.

Pour reprendre l'exemple du rêve de Pharaon, on peut imaginer le monarque harcelé chaque jour par des demandes ayant trait à la production de viande, de lait, à l'élevage du bétail, à la production de céréales. Toutes ces questions qui parviennent peut-être jusqu'au monarque sont traitées selon des opérations logiques, peu nombreuses et sans doute toujours semblables. En cela l'administration égyptienne ne devait pas être très différente de la nôtre. Bien des textes retrouvés laissent supposer qu'elle était tout aussi tatillonne. Les dossiers donnent fatalement lieu aux mêmes constats, aux mêmes réponses. Le rêve travaillera précisément les procédures, démontera les raisonnements, tentera de nouvelles combinaisons et finira par s'arrêter sur une proposition nouvelle. C'est très exactement ce que Joseph fait du rêve de Pharaon : il annonce une situation nouvelle, jamais traitée auparavant, et propose une nouvelle procédure pour l'administrer. Une fois interprété par Joseph, on constate que *le rêve de Pharaon « a inventé » le stockage du blé pour pallier la mort du bétail.* Tel est, en un mot, l'interprétation proposée par Joseph.

On retiendra de ce long développement que l'interprète doit prêter attention au segment du rêve où se situe l'accent, là même où il aura le plus de chance d'identifier le concept finalement mis en récit.

Pourquoi interpréter un rêve ?

Interprète de rêves, ce n'est pas un métier, je l'ai déjà dit. Peut-être l'a-t-il été autrefois, mais j'en doute. Les onirocrites de l'Antiquité étaient d'abord des devins, utilisant le rêve comme support de divination. Ils interprétaient le rêve pour prédire l'avenir et non pour connaître les pensées secrètes du rêveur. Certes, des onirocrites sérieux, tel Artémidore de Daldis, justifiaient leurs prédictions, en proposaient une théorie, fournissaient des hypothèses sur la nature du rêve et sur son articulation avec les forces sociales à l'œuvre dans la cité. Mais on peut facilement imaginer que les autres, la plus grande majorité, étaient des sortes de saltimbanques, des « marchands de bonheur ». À la suite de Freud, qui n'a sans doute pas été le premier, mais certainement celui qui avait la pensée la plus construite au sujet du rêve, les thérapeutes se sont approprié les compétences de l'onirocrite. En cette matière, le XXe siècle a été le temps des thérapeutes. Mais, à y regarder de près, eux aussi interprètent les rêves pour d'autres motifs que le rêve, puisqu'ils le mettent au service de la thérapie. Toutes les interprétations de rêve faites par des psychanalystes s'interrompent là où s'imposent les nécessités de la cure. Plus encore, lorsqu'ils se font onirocrites, les thérapeutes ne s'intéressent aux rêves que pour justifier leurs options théoriques ou leurs choix techniques. Jusqu'à William Dement, l'un des plus grands chercheurs en neurophysiologie du sommeil, qui a longtemps pensé que les découvertes de la neurophysiologie allaient inéluctablement venir corroborer les hypothèses de Freud. La suite ne lui a pas donné raison, comme il le relate lui-même avec bonheur dans son livre sur le sommeil. Quant aux autres neurophysiologistes, par exemple Michel Jouvet ou Peretz Lavie, lorsqu'ils s'occupent spécifiquement des rêves, et non pas du seul sommeil, ils se désintéressent de leur interprétation à laquelle ils ne savent attribuer d'utilité. Alors, si l'interprétation des rêves est une question pertinente, où trouver une véritable pensée pour en rendre compte ?

C'est ainsi que cette question est demeurée identique depuis l'Antiquité, lancinante : pourquoi interpréter un rêve ? Quels avantages spécifiques peut apporter ce travail et à qui ? De l'observation des pragmatiques du rêve, aussi loin qu'on peut les connaître, depuis les onirocrites de l'Antiquité jusqu'aux chamans des petits groupes d'Indiens d'Amazonie, nous avons tiré la conclusion qu'un rêve était *une dette tirée sur la réalité du lendemain*. Des découvertes des neurophysiologistes sur les caractéristiques et les fonctions du sommeil paradoxal, nous avons compris que le rêve était accroché au stade le plus inattendu du sommeil, « le sommeil paradoxal ». Nous avons déduit de la fonction plausible de ce sommeil qui serait de reprogrammer l'identité biologique de la personne une fonction semblable du rêve, qui viendrait à la fois la représenter et la redoubler. Nous avons qualifié cette fonction de *recomposition conceptuelle*. Cette fonction se manifesterait par une double action : la mise en valeur d'une construction conceptuelle nouvelle – ce que j'appelais plus haut « l'accent du rêve » – et la mise en récit de ce concept à l'aide d'éléments issus de la fragmentation des perceptions mémorisées. L'interprétation, comme on l'a compris dans le commentaire du rêve de Pharaon, saisit le concept nouveau et en propose une réalisation dans le monde. On aura compris que l'interprétation n'explique pas le rêve, ne le traduit pas, n'en fournit pas de « signification » au sens d'un dictionnaire qui donnerait la signification d'un mot. *L'interprétation fait advenir le rêve.* Le rêve est allé du concept au percept. L'interprétation devra conduire du percept à la sensation et parfois jusqu'à l'organisation. Là réside la fonction de l'interprétation, d'avoir l'intuition de la forme et d'en proposer une clôture.

C'est ainsi que le rêve a besoin de l'interprète, comme le nouveau-né de sa nourrice. Sans interprétation, le rêve resterait cette tentative avortée, un essai parmi une multitude, que l'on ne sait que reproduire, et encore, et peut-être indéfiniment. C'est ce qui explique l'existence de ces rêves récurrents qui se répètent toute la vie durant, la personne n'ayant jamais trouvé l'interprète lui permettant de faire déboucher le concept jusqu'à une organisation.

Qui refait le même rêve est à la recherche d'un interprète de rêves !

Cette contrainte à l'interprétation par un tiers, cette articulation nécessaire avec un autrui capable de connecter les propositions implicites du rêve avec les contraintes de la réalité jusqu'à formuler une proposition prédictive est probablement le lien de socialité le plus élémentaire. Chaque matin, à l'issue de sa nuit, l'humain a besoin d'un autre humain, susceptible de lui interpréter son rêve, pour entrer égal à lui-même dans sa nouvelle journée. Contraignant par nature à un lien fonctionnel avec autrui, le rêve n'est en aucune manière narcissique.

Il est faux de comparer le rêve à l'hallucination – il en est l'opposé ! Il ne fabrique pas une réalité de substitution, il prépare la personne à la saisie inventive du monde. Qui « fantasme » la rencontre amoureuse et en imagine les mots et les gestes ne délire pas, mais se prépare à affronter une expérience nouvelle. Le rêve agit ainsi, non pas sur les récits, mais sur les structures logiques.

La réalité perçue en rêve ne suffit pas au rêveur. Bien au contraire, elle l'incite à une nouvelle perception de sa réalité quotidienne. Débouché obligatoire sur le monde, le rêve n'est en aucune manière autarcique.

Puisque le rêve constitue une sorte d'appel à l'interprétation, toute parole dite sur le rêve d'autrui fonctionnera comme une interprétation, au sens où je l'entends, c'est-à-dire comme une restructuration du quotidien. C'est pourquoi, même si la plupart des théories psychologiques nient la prédictivité du rêve, l'interprétation d'un psychologue fonctionnera finalement comme une prédiction. Ainsi, la proposition de Freud « le sexe de votre mari exhibé comme une parure vous protège de vos tentations lorsque vous sortez dans la rue » ne peut qu'inciter la femme à se débarrasser de son chapeau. Si ce rêve a vraiment été rêvé, si cette patiente a réellement existé, une telle interprétation n'a pu être entendue que comme : « Je vous prédis que vous finirez par tromper votre mari ; ce sera avec un jeune officier. » Et c'est sans doute ce qu'elle fit !

CHAPITRE 7

Les dynamiques de l'interprétation

À la recherche de la fonction du sommeil paradoxal, Michel Jouvet, on s'en souvient, a fini par formuler une hypothèse fascinante, même si, pour l'heure, elle n'est qu'une hypothèse. Le sommeil paradoxal aurait pour fonction la réinitialisation de la programmation génétique des cellules cérébrales. Dans une interview donnée à *Sciences et avenir* en décembre 1996, Michel Jouvet l'expliquait ainsi :

> Autrement dit, chez les animaux à sang chaud, il n'existe aucun système neuronal d'entretien des données héréditaires contenues dans les cellules nerveuses. D'où mon hypothèse que le sommeil paradoxal aurait pour fonction de relayer la neurogenèse, en assurant la programmation génétique de l'individu. Non pas la programmation des comportements instinctifs de l'espèce, qui sont mis en place une fois pour toutes lors de la neurogenèse, mais celle des comportements spécifiques de l'individu. Les rêves seraient des moments de reprogrammations génétiques de l'individu, qui maintiendraient fonctionnels les circuits synaptiques responsables de son hérédité psychologique, celle qui est responsable de ses réactions idiosyncrasiques.

Cette hypothèse présuppose deux prémisses. La première est que la vie éveillée érode la programmation initiale, comme elle détruit les cellules usées du reste de l'organisme. Au contact du monde, en effet, les cellules non cérébrales meurent. Cette mort des cellules résulte, au moins pour partie, d'une programmation génétique, l'*apoptose*, qui a été surnommée « suicide programmé des cellules ». Soumises au stress, ou lorsque leur ADN a été modifié, les cellules actionneraient un programme interne d'autodestruction, « se suicideraient », d'une certaine façon. La mort des cellules, remplacées par des cellules équipées du programme initial, empêcherait la dérive génétique en maintenant l'identité biologique de l'organisme. La seconde prémisse est précisément que l'identité de l'individu biologique doit être défendue, comme si la programmation génétique prévoyait la tendance naturelle des corps vivants vers l'indifférenciation, *l'irrésistible attraction du quiconque.* L'individualité, qu'elle soit biologique ou mentale, n'est pas une donnée, mais le résultat d'un travail perpétuel – d'un programme. Si le sommeil paradoxal constitue l'un des instruments permettant la sauvegarde de l'individualité biologique, le rêve est probablement ce qui assure la permanence d'une identité mentale – d'un soi ! *Le rêve travaille toutes les nuits, infatigablement, à la sauvegarde du soi.*

Prédictions

Qui souhaite penser l'interprétation du rêve se trouve devant l'obligation de respecter la dynamique principale du sommeil paradoxal, consistant, nous venons de le rappeler, à confirmer l'individu biologique dans sa spécificité. Si cette proposition paraît féconde en biologie, quel est son équivalent dans le domaine de l'interprétation des rêves ? Il semble que les onirocrites de l'Antiquité aient creusé une voie devenue toujours plus évidente avec le temps, celle de la *prédiction.* Tous, nous l'avons vu, considèrent que les seuls rêves qui méritent leur attention sont ceux qui permettent de prédire l'avenir. Car le destin est l'expression la plus singulière de l'individu. Les événements de sa vie viendront s'agglomérer en une cohérence devenant jour après jour l'histoire de cette personne. Aucun autre individu n'aura la même que moi. Mon histoire est la mienne et seulement la mienne ; elle doit être considérée comme ma spécificité psychologique, à l'image de mon ADN, qui est l'inscription de ma spécificité biologique. Supposons que Freud ait formulé une prédiction à son hypothétique patiente : « Vous tromperez votre mari avec un jeune officier. » Si elle s'était révélée vraie, elle n'aurait pu ensuite penser autre chose que « mon rêve était l'incarnation de mon destin ». La prédiction saisit le sujet pour le projeter en un devenir ; elle dessine par conséquent les contours d'une personne vivante. Alors que toutes les interprétations qui s'attachent à lui fournir des représentations de ses pulsions, à évoquer ses mécanismes de défense, à lui révéler ses attractions cachées et ses répulsions ressemblent à la dissection d'un cadavre. Les onirocrites de l'Antiquité avaient saisi que l'obligation de prédiction était le moyen de contraindre l'interprète à s'attacher à l'identité spécifique du rêveur.

Mais, aujourd'hui, il est difficile d'adhérer aux implicites théoriques des prédictions de l'Antiquité. Qui peut encore penser que les dieux, qui détiennent les clés de son destin, décident de le révéler à telle personne dans un rêve ? La prédiction est par conséquent aujourd'hui plus difficile à énoncer. Elle est pourtant parfaitement compatible avec la proposition selon laquelle le rêve réagence les éléments issus de la déconstruction des organisations mentales de la vie éveillée. Il serait fait de fragments de pensée indéfiniment combinés jusqu'à ce qu'une construction retienne l'intérêt par sa cohérence et soit élaborée sous forme de récit. Les rêves produisent donc inlassablement des combinaisons nouvelles parmi lesquelles se trouve nécessairement celle qui prendra forme dans la vie du rêveur dans un avenir plus ou moins proche. De ce point de vue, il y a bien dans le rêve – et notamment dans celui dont on se souvient – le noyau des événements à venir. Mais il est un parmi ceux brassés sans cesse dans la manducation perpétuelle de la nuit ; un parmi d'autres possibles. C'est donc bien l'interprétation qui le dégagera de son caractère potentiel, qui l'érigera en circonstance ou en aventure, qui le revêtira d'humanité, lui conférera sa plausibilité historique. Principe qu'avaient perçu les anciens dont tous les commentaires laissent penser que l'interprétation est indispensable au rêve, qu'elle en est la moitié cachée. L'interprétation, ce sont les jambes du rêve, pour ainsi dire, qui le dégageront du sommeil pour le lancer dans le monde. *L'interprétation est cette part du rêve qui lui permet d'advenir.*

Aucune interprétation ne devrait par conséquent être formulée autrement que comme une prédiction.

La prédiction est le seul énoncé moralement acceptable sur le rêve. En prononçant une prédiction, l'onirocrite assume ses responsabilités, prenant nécessairement conscience que sa parole contribuera à la survenue des événements. Quant au rêveur, le fait de s'entendre prédire un événement lui permettra de s'approprier son rêve, devenu fragment compressé de son devenir.

Rêves pathogènes

Le rêve offre un regard neuf sur le monde, envisageant des événements qui n'étaient pas prévus la veille. Qui ne rêve pas – je veux dire : qui ne trouve pas le moyen de se saisir de ses rêves pour modifier son appréhension du réel, se trouve livré à l'inéluctable. Le Talmud va encore plus loin qui affirme que la personne qui n'a pas « vu » de rêve durant sept jours – ce qui signifie qui a été incapable d'utiliser l'un de ses rêves pour modifier la couleur du monde – est nécessairement aigrie et se révèle mauvaise :

> Rav Zera a dit : « Quiconque dort sept jours sans rêves est appelé méchant » (Talmud Bavli, traité Berakhot, 55b[2]).

Ce que l'on peut comprendre, à mon sens, en référence aux études de neurophysiologie du sommeil qui montrent que certains rêves sont liés à la dépression. Des rêves qui ne permettent pas cette modification de perspective, qui se contentent de reproduire le monde tel qu'il a été perçu la veille, qui donc, probablement, ne parviennent pas à trouver dans la combinatoire infinie des possibles une seule nouvelle organisation sont toxiques par nature. Cette hypothèse semble corroborée par deux faits surprenants tirés des expérimentations des neurophysiologistes. Certains antidépresseurs, particulièrement efficaces comme les IMAO, suppriment le sommeil paradoxal et, par conséquent, suppriment également la grande majorité des rêves de la nuit. Les symptômes de la dépression ne sont-ils pas améliorés du fait que ce type d'antidépresseurs supprimant les rêves suppriment aussi les rêves de dépression ? Un second fait viendrait à l'appui de cette hypothèse. On a observé que les électrochocs, dont on sait qu'ils se révèlent efficaces dans le traitement des moments dépressifs graves, notamment dans ce syndrome que l'on désignait naguère comme « mélancolie[1] », suppriment également le sommeil paradoxal durant une longue période. Nous sommes là aussi en droit de nous demander si leur efficacité ne découle pas précisément de cette interruption de rêves qui devraient alors être, en toute logique, considérés comme pathogènes. Si cette hypothèse se vérifiait, peut-être verrait-on se développer une théorie de la dépression en tant que pathologie du rêve, conséquence de la production de rêves incapables de déboucher sur une prédiction.

Un rêve qui n'est qu'une reproduction de la réalité trahit l'incapacité à proposer une nouvelle combinaison. Ce rêve est typiquement un rêve de dépression. Peut-être découvrira-t-on bientôt qu'il est aussi « dépressogène » ? Le fait qu'il existerait des rêves pathogènes, susceptibles de déclencher ou même de produire un état dépressif, conforte encore cette notion que nous avons évoquée dans différents contextes : le rêve n'est pas seulement images, il est aussi action. Le rêve peut même être à l'origine de maladies.

Réparer un rêve

Les recherches modernes renouent d'une certaine façon avec les pensées de l'Antiquité pour lesquelles il existait des rêves pathogènes (Hippocrate, Aristote). Les onirocrites tra-

1. Syndrome aujourd'hui nommé dans le *DSM IV* « épisode dépressif majeur avec caractéristiques mélancoliques ».

ditionnels mentionnent également sans cesse des rêves dont la réalisation, énoncée par l'interprète, peut se révéler dévastatrice ; ce qu'ils désignent comme des « mauvais rêves ». Reconnaître un mauvais rêve conduit à prescrire au rêveur des actions pour tenter d'inverser le destin. On pourrait donc « réparer un rêve ». Certes, le rêve est destin, mais celui qui craint sa réalisation peut tenter de l'infléchir. Une fois qu'il est établi que le rêve annonce un événement malheureux, le rêveur peut tenter d'interrompre le mouvement destructeur ou au moins d'en atténuer l'effet. Le Talmud, toujours très précis, conseille même de déclencher les mécanismes de réparation au moindre doute sur son rêve, avant même qu'il ne soit interprété :

> Si quelqu'un est tourmenté par un rêve qu'il a fait, qu'il remédie au rêve en présence de trois personnes... Qu'il amène trois hommes et leur dise : « J'ai vu un bon rêve. » Et qu'ils lui répondent : « Il est bon et qu'il devienne bon. Que le Miséricordieux le transforme en un bon rêve. Que ce soit décrété sept fois du ciel qu'il devienne bon, et qu'il soit effectivement bon » (Talmud Bavli, traité Berakhot, 55b[2]).

La procédure proposée est claire. Elle consiste à modifier l'interprétation possible, qui est la part efficace du rêve, à l'inverser avant même qu'elle ne soit prononcée. Car si le rêve est un être de l'intimité, son interprétation au grand jour engendrera nécessairement une succession d'événements. Sachant que certains rêves son mauvais, peut-être sources de négativité, « pathogènes », l'interprète doit manifester *a priori* son engagement à faire advenir le bien. C'est ainsi que Muhammad Ibn Sîrîn préconise que l'interprète, avant même d'écouter le rêve, commence par une conjuration :

> L'interprète doit dire à son frère le rêveur : « Puisse ton rêve s'avérer bénéfique ! » Le prophète, dès qu'il entendait le récit d'un rêve, disait : « Puisse ce rêve apporter un bien pour toi, puisse-tu en éviter la malfaisance ; qu'il soit bénéfique pour nous, maléfique pour nos ennemis. Loué Dieu, seigneur des mondes ! Tu peux raconter ton rêve maintenant ! »

Jusqu'au prophète Mohamed donc, qui, d'après Ibn Sîrîn, ne prêtait pas attention au récit d'un rêve avant de prononcer cette formule conjuratoire. Conjurations, supplications adressées à Dieu, mais aussi formules d'inversion comme celles proposées par le Talmud visant à annuler la négativité du rêve : trois versets tirés des psaumes et des lamentations de Jérémie.

Ainsi, pour annuler un rêve négatif, on peut 1) soit faire mine de ne pas voir sa négativité et feindre devant témoins qu'il est positif – tromper la destinée, pour ainsi dire, 2) supplier Dieu de modifier le cours des événements, 3) ou encore agir directement sur le déroulement de la vie en prononçant des formules issues de textes actifs.

Mais, si l'interprétation a été prononcée et qu'il ne demeure plus de doute ; s'il est devenu clair qu'il s'agit d'un mauvais rêve, la tradition juive, mais aussi chrétienne, qui en a hérité, préconise de jeûner la journée qui succède. Il semble même que le jeûne soit la réparation spécifique du mauvais rêve, son *tikoune :*

> Rav a dit : « Le jeûne est aussi efficace pour un mauvais rêve que le feu pour un fétu de paille. » Rav Hisda a commenté : « Il doit avoir lieu le même jour. » Rav Yossef a ajouté : « Même le jour de shabbat » (Chélomo Almoli, p. 280).

Suivent évidemment toutes sortes de prescriptions, selon les textes, en fonction de l'identité et des caractères du rêveur, de la nature du rêve, du moment de la nuit, de la semaine ou de l'année où le rêve a été fait.

Il se dessine maintenant une théorie contradictoire du rêve. À la fois prévision et programme, « brouillon des lendemains », disions-nous, les rêves, une fois interprétés, se révèlent alors destins. *A priori* seulement récits, fantaisies, une fois déployés, ils se révèlent histoire au déroulement inquiétant puisque difficilement évitable. Inquiétants, sans doute, mais aussi tonifiants, puisqu'ils offrent à la personne l'opportunité de s'affronter à cet impalpable qui le constitue, ce démiurge qui pilote les événements dans lesquels il sera pris, à son insu. Hypothèse tant que le monde est resté sourd, ils deviennent contraintes lorsqu'une parole a été prononcée à leur sujet. Quelque chose dans les rêves implique qu'ils viennent forcer le réel, lui faisant perdre une part d'aléatoire. On les disait objets étrangers nés dans l'intimité de la personne, une fois exprimés au grand jour, ils se révèlent maîtres de ses chroniques. Trois mille ans de réflexions onirocritiques dans des cultures persuadées que le rêve décrit et prescrit tout à la fois les événements à naître ont abouti à cette pragmatique insolite qui s'est fait une spécialité du paradoxe.

Le rêve est son interprétation

Paradoxe supplémentaire, ce que l'on pensait objet autonome à soumettre à la sagacité de l'interprète disparaît sous le regard. La réalité du rêve est délicate, aérienne ; elle est attestée par le seul récit du rêveur, souvent imprécis, hésitant, seul témoignage d'une communication secrète avec un interlocuteur invisible. Le rêve n'est rien qu'une fumée mentale jusqu'à ce qu'il prenne consistance par la parole de l'interprète. C'est ainsi que Rav 'Hisda l'a formulé dans une maxime célèbre :

> Un rêve qui n'est pas interprété est comme une lettre qui n'a pas été lue (Talmud Bavli, traité Berakhot, 55a[4]).

Cette maxime talmudique, souvent citée, y compris par Freud, indéfiniment commentée dans les traités d'oniromancie juive, tel celui d'Almoli, tout comme dans les manuels de kabbale chrétienne des XVe et XVIe siècles, laisse entendre que, sans interprétation, le rêve reste lettre morte. La consistance du rêve, sa matérialité, pour ainsi dire, réside dans cette articulation entre un témoignage et une interprétation. D'abord texte mental, imprécis, humide, il se solidifie par le premier récit qu'est le témoignage du rêveur et finit par prendre corps avec l'interprétation que lui fournit son interlocuteur. Ainsi comprenons-nous que la matérialité du rêve est avant tout interaction. C'est là sans doute sa seule densité. Texte subtil, matière évanescente, le rêve ne devient substance qu'en stéréophonie. Voilà, magistralement résumé dans la maxime de Rav 'Hisda, ce que les anciens ont établi au sujet de la nature interactive du rêve. Un second énoncé talmudique vient encore accentuer le paradoxe. Plus qu'un énoncé – on devrait dire une formule, tant sa concision et sa précision s'apparentent aux théorèmes mathématiques –, une formule, donc, proprement révolutionnaire :

> « Tous les rêves marchent selon la bouche », dit le Talmud (Talmud Bavli, traité Berakhot, 55b[5]).

C'est-à-dire que la réalisation du rêve, ce qu'il en adviendra dans la réalité, découle de son interprétation – « le rêve marche [advient] selon la bouche [de qui l'a interprété] ».

Le Talmud est l'expression écrite de l'insoumission juive. Il est questionnement permanent. Aucun énoncé n'y est définitif, chaque idée, chaque proposition, chaque loi, chaque règle, prête à discussion, à amendements, à casuistiques, à palabres, à l'infini. Le Talmud est aussi une sorte de culte de la dérision. Rien ne distingue le récit historique de la parabole, l'anecdote humoristique du cas d'école. Tous ces événements ont une dignité égale ; tous susceptibles d'être discutés. Dans le Talmud, le refus de la pensée banale s'exprime par un éclat de rire ; une exigence à penser. Il est probablement le texte le plus subversif qui ait jamais été publié. Les autorités ecclésiastiques ne s'y sont pas trompées qui l'ont toujours détesté. Lorsque l'on procédait à des autodafés, c'était toujours le Talmud que l'on brûlait. Si les onirocrites grecs ont balisé la rationalité de l'approche du rêve, les talmudistes ont mis en évidence son caractère profondément paradoxal. Le traité Berakhot que je cite ici renferme un véritable livre des rêves, matière des centaines d'onirocrites qui s'y sont référés.

« Tous les rêves marchent selon la bouche », est-il écrit dans le Talmud. Une parabole édifiante illustre cette formule foudroyante :

> Rav Banaah a dit : « Il y avait vingt-quatre interprètes de rêves à Jérusalem. Or, une fois, j'ai fait un rêve et je suis allé chez chacun d'entre eux pour demander son interprétation. Et ce que m'a interprété celui-ci n'était pas du tout comparable à ce que m'a interprété celui-là ; j'ai reçu en fait vingt-quatre

interprétations du même rêve. Pourtant toutes ces interprétations se sont réalisées pour moi, c'est-à-dire que chaque événement qui avait été présagé s'est réalisé. Ceci concrétise le principe énoncé par l'Écriture selon lequel *tous les rêves marchent selon la bouche*, c'est-à-dire que la réalisation d'un rêve varie en fonction de l'interprétation qui en a été donnée » (Talmud Bavli, traité Berakhot, 55b[5]).

Il s'agit certes d'une parabole comme le Talmud en fourmille. Mais elle correspond si bien à l'analyse à laquelle nous nous livrons ici, condensant en une phrase la dynamique de l'interprétation, que je ne peux m'empêcher de la penser issue de réflexions séculaires. Cette parabole est essentiellement pragmatique. Elle vient surtout prévenir des dangers.

Elle énonce d'abord une pensée épistémologique : « En matière d'interprétation des rêves, méfiez-vous des vérités ; il en existe plus d'une ! Celles du rêve de Rabbi Banaah étaient vingt-quatre… et encore ! Elles n'étaient que vingt-quatre car il n'y avait que vingt-quatre interprètes de rêves à Jérusalem. S'il y en avait eu davantage, les interprétations auraient sans doute été plus nombreuses. » Cela nous paraît maintenant parfaitement compréhensible puisque le rêve est bien cette articulation subtile et ponctuelle entre un témoin (le rêveur) et un énonciateur (l'interprète). Plus il y a d'interprètes, plus il y a de rêves dans un seul rêve. Alors, méfiance ! Quelle que soit la dignité du manuel, quelle que soit l'autorité du maître, *il n'existe pas de signification d'un rêve, rien que des interprétations !*

Mais la parabole vient aussi conseiller : « Prenez garde à qui vous racontez votre rêve, il se réalisera selon la bouche de l'interprète. » Conseil précieux, s'il en est, qu'il faudrait rappeler à chaque rêveur. La façon dont sera traité son rêve influera sur son destin – peut-être même le commandera-t-elle. Nul ne confie sa santé ou sa fortune sans s'assurer de garanties. Il devrait manifester plus encore de vigilance lorsqu'il s'agit de confier son destin.

L'histoire des vingt-quatre interprètes de rêves à Jérusalem est une parabole qui vient révéler une connaissance profonde de la nature du rêve. Si l'origine du rêve est bouillonnement de pensées, si sa construction implique le recours à des images, à des mots et à tout contenu mnémonique disponible, sa nature est d'être monde – monde en devenir. Monde maturé dans l'atelier de mes nuits, il naît de la parole de l'interprète d'où il prend son essor jusqu'à sa réalisation. Il est gros d'événements. Mais, s'il est promesse, insiste la parabole, c'est une promesse qui ne pourra s'accomplir que dans la coopération avec un autre. Au fond, laisse entendre la formule talmudique, *l'interprète est plus important que le rêve*. Dans la partie la plus profonde de la personne, dans ce temps de sommeil paradoxal, là où elle s'en va peut-être ressourcer son programme génétique, c'est en cet espace qu'elle rencontrera la nécessité fondamentale d'une autre personne, l'interprète de rêve, sans qui ne peut advenir son monde. Et le monde issu du rêve aura la couleur de l'interprète. Ainsi le rêve laisse-t-il entendre à notre philosophie que la nature la plus profonde, la plus secrète d'une personne donnée réside dans une autre.

Non, le contenu des rêves n'est pas pulsion commune, fantasme répertorié. Il est à la fois aléa et destin. Cette formule (« tous les rêves marchent selon la bouche ») peut par conséquent nous protéger contre la religion du quiconque, qui voudrait que l'on rêve « comme tout le monde » et que nous serions tous saisis par les mêmes contraintes, les mêmes pulsions, les mêmes fantasmes. Cette religion qui s'empare de nous dans sa platitude triviale comme une obligation morale et dont on parvient à se libérer par la vigueur d'une formule, justement. Une autre parabole, rapportée dans un autre *midrash talmudique*, vient éclairer mieux encore cette idée.

> Une femme se présenta devant Rabbi Éliezer et lui dit : « Rabbi, j'ai vu dans un rêve que le linteau de la maison se brisait. » Le Rabbi lui répondit de rentrer tranquillement chez elle et il conclut sa consultation en lui annonçant : « Tu enfanteras d'un fils. » Ce qui se réalisa. Quelques années plus tard, la même femme revint voir Rabbi Éliezer et lui dit à nouveau qu'elle avait vu se briser le linteau de sa maison. Il lui répondit qu'elle enfanterait d'un fils. Ce qui se réalisa encore. Elle revint une troisième fois, mais Rabbi Éliezer était absent. Elle demanda à ses élèves où se trouvait leur maître. « Que veux-tu ? », lui demanda le disciple le plus avancé. « Serais-tu aussi savant que ton maître pour interpréter le rêve de ma nuit ? » Et les élèves de Rabbi Éliezer s'exclamèrent d'une seule voix : « Expose-nous ton rêve et nous te donnerons sa signification. » Elle leur dit alors qu'elle avait vu le linteau de sa maison se briser. Le disciple dit alors à la femme : « Malheureuse, ton mari va mourir. » Et c'est ce qui se réalisa. Quand Rabbi Éliezer revint, il demanda à ses élèves pourquoi cette femme pleurait devant sa porte. Ils lui racontèrent ce qui s'était passé en son absence. Et Rabbi Éliezer de s'écrier : « Malheureux ! Voyez ce que vous avez fait ! N'est-il pas écrit "comme il avait prédit, cela se réalisa" ? (Genèse 41 : 13). Voilà que vous avez tué une âme » (récit rapporté dans le Midrash Rabba, Genèse 89 : 8).

Nous remarquerons d'abord que les deux interprétations sont parfaitement compréhensibles – du moins si l'on se réfère à une éventuelle lecture « symbolique ». La maison est la femme ; le linteau qui se brise se réfère à l'ouverture et aux douleurs de l'enfantement (dans l'interprétation de Rabbi Éliezer). Mais cette fracture peut tout aussi bien signifier que la maison s'effondrera à la mort du mari et que la femme sera brisée par la douleur du deuil (dans l'interprétation des disciples). Si l'interprétation se doit de respecter une certaine cohérence – et nous constatons que les deux qui ont été successivement proposées à cette femme étaient parfaitement acceptables –, elle dépend avant tout de l'interprète.

On pourrait même dire qu'une fois le rêve raconté, l'interprétation prononcée, un pacte a été de ce fait scellé entre monde intérieur et réalité – pacte qui donnera naissance aux événements du monde.

> Joseph fit un rêve ; il le raconta à ses frères qui le détestèrent davantage. Il leur dit : « Écoutez, je vous prie, ce rêve que j'ai fait. Et voici que nous formons des gerbes au milieu du champ. Et voici que se lève ma gerbe, et elle se tient droite ; et voici que vos gerbes l'entourent et s'inclinent devant ma gerbe » (Genèse 37 : 5-7).

L'association entre rêve et interprétation, rêve et parole sur le rêve, même si elle n'est pas professionnelle et ne se veut pas interprétation, scelle l'entrée dans la réalité du monde. Joseph raconta son rêve à ses frères qui pourtant le détestaient. Ils lui fournirent une interprétation qui, à leur corps défendant, se réalisa :

> Ses frères lui dirent : « Vas-tu régner sur nous, vas-tu nous dominer ? » Et ils le détestèrent encore davantage à cause de ses rêves et de ses paroles (Genèse 37 : 8).

Dans le récit de la Genèse, les frères comprennent immédiatement la signification du rêve. Ils se présenteront un jour devant Joseph, eux, ses frères, mais aussi son père et sa mère, et s'inclineront comme devant un maître ou un roi. Et c'est ce qui arriva puisque bien des années plus tard, vingt-deux ans, nous précise le Talmud, les frères vinrent supplier Joseph devenu ministre de Pharaon de leur vendre du blé pour échapper à la famine. Et l'on comprend ici que c'est précisément leur parole sur le rêve de Joseph qui a conduit à sa réalisation. C'est du moins ce que disent les commentaires, et notamment le Zohar, qui prétend que, s'ils avaient réagi différemment, le rêve se serait réalisé selon un autre chemin :

> Il [Joseph] voulait d'eux [ses frères] qu'ils l'écoutent. Il leur fit donc connaître ce rêve, et s'ils lui avaient donné une autre tournure, ainsi se serait-il réalisé. Ils lui répondirent et dirent : « Voudrais-tu régner sur nous en roi ? Ou bien nous dominer en maître ? » Ce faisant, ils donnèrent une interprétation du rêve et prirent un décret (183a).

Selon le Zohar, l'interprétation est comme le sceau d'un décisionnaire sur une proposition conduisant à sa mise en œuvre. *L'interprétation est toujours un décret d'existence.*

Certains commentateurs, comme Rachi, dont on dit qu'il écrivit aussi un livre des rêves, expliquent le délai séparant l'interprétation de la réalisation du rêve par la haine des frères de Joseph, comme s'il était entendu qu'un interprète malintentionné retarde l'avènement du rêve. Celui de Joseph mit vingt-deux ans à se réaliser – vingt-deux ans qui séparent ce récit de la scène où Joseph, devenu ministre de Pharaon, reçoit ses frères venus le supplier en un temps de disette. Reste le conseil qui a traversé les âges, encore plus utile aujourd'hui, de ne pas raconter son rêve au premier venu. Il convient certes d'éviter les personnes malveillantes, même si leurs sentiments pour le rêveur sont difficiles à percevoir. Mais, bien plus que cela, il faut savoir que l'interprétation d'un rêve mobilise des pensées, des théories, des appartenances qui embarqueront le rêveur en une déferlante. L'interprétation d'un rêve est un puissant levier de conversion. Vous acceptez l'interprétation d'un adepte de Krishna – demandez-vous alors si vous souhaitez adhérer à cette religion ou à celle d'un évangéliste du septième jour ? La question est la même devant l'interprétation d'un freudien, d'un lacanien, d'un jungien. Toi qui veux soumettre mon rêve à ta sagacité, dis-moi pour qui tu œuvres, révèle-moi l'identité de ton dieu, que je sache par avance dans quels filets je risque de m'empêtrer.

Raisonner et interpréter

Étant donné la nature de cette matière vaporeuse et immédiatement interactive, il est difficile de tenir un véritable raisonnement pour interpréter un rêve. On laissera d'abord guider son regard par l'intuition. On tentera de voir à son tour la scène qui s'est imposée au rêveur. Une fois dans le récit, l'interprète devra travailler comme le rêve, mais à rebours. Il recherchera d'abord le concept, qu'il trouvera là où se trouve l'accent. Pour cela, il parcourra mentalement le récit du rêve, s'arrêtant aux points saillants, ceux qui accrochent l'attention parce qu'ils se détachent de la réalité habituelle, qu'ils étonnent.

JULIETTE ET LE CARRÉ D'OSCAR WILDE

Une jeune fille de 18 ans – appelons-la Juliette –, jolie, vive, passionnée, rousse aux longues boucles divaguant sur ses épaules en cascade, fait un rêve qui l'étonne et la marque. Dans un premier temps, cependant, elle le garde pardevers elle, consciente qu'il recèle une part précieuse d'elle-même. Elle me le relate vingt-cinq ans plus tard, alors qu'elle est devenue une femme installée dans la vie, une collègue, psychologue.

> Le rêve se passe à Venise. La rêveuse voit la place Saint-Marc recouverte d'eau – seulement quelques centimètres, comme une toute petite *acqua alta*. Au travers de l'eau, elle aperçoit, sur toute l'étendue de la place, des coquillages par centaines. Dans un coin, une placette qui dans le rêve porte un nom, « le carré d'Oscar Wilde ». Une jeune fille y est allongée sur le dos, son corps apparaissant au travers de cinq centimètres d'eau. « C'est très beau, dit-elle, tout y est beau, la lumière, Venise, l'eau… Dans le rêve, on comprend ce qui lui est arrivé. Elle est morte car son sexe a été bouché par un coquillage. » Elle ajoute qu'il se dégage du tableau un sentiment de compréhension, presque de révélation, comme si une énigme venait d'être résolue.

Elle a gardé ce rêve en mémoire – peut-être est-ce le seul rêve dont elle se souvienne. Il a pris pour elle le nom de « rêve du carré d'Oscar Wilde ». Quelques années après l'avoir fait, elle l'a raconté à sa psychanalyste, avec laquelle elle débutait une cure, qui n'en a rien dit… « Pas plus celui-ci qu'aucun autre !, ajoute-t-elle, elle ne m'a jamais interprété de rêve. C'était comme ça en ce temps-là. » En bavardant, elle m'apprend qu'il lui arrivait à l'époque où elle fit le rêve de passer des vacances d'hiver à Venise, visitant les musées, courant les concerts, et se promenant à travers la ville. Elle aime tant cette ville qui vit pour encenser la beauté...

En écoutant ce rêve, une image s'impose devant mes yeux : *La Naissance de Vénus*, le célèbre tableau de Botticelli. Juliette connaît le tableau, bien sûr ! La plus belle femme du siècle, Simonetta Vespucci, servit de modèle au peintre, pour représenter Vénus nue, incarnant à la fois la grâce et la sexualité féminine. La cascade de cheveux roux rappelle les ondulations des vagues, soulignant d'un même trait son origine aquatique et son tempérament de feu. La déesse se tient debout sur un coquillage, une coquille Saint-Jacques, flottant à la surface des eaux. Près d'elle, Zéphyr et Aura, le dieu des vents et son épouse, soufflent tous deux, poussant l'équipage vers la terre. Le vent imprime un mouvement à la chevelure d'Aphrodite. On la devine un peu troublée par la fraîcheur. C'est ainsi que l'on peut interpréter le mouvement de sa main droite dont elle se couvre nonchalamment les seins et la main gauche qui ramène une mèche de sa très longue chevelure sur son sexe. Du ciel tombent doucement des roses, fleurs d'Aphrodite, ses jumelles, nées du même mouvement qui la fit éclore.

Le point saillant, l'accent du rêve est le coquillage obstruant le sexe de la jeune fille, tout comme celui du tableau est cette coquille Saint-Jacques, si grande qu'elle sert d'embarcation à la déesse. Sans recourir à des interprétations ésotériques ou psychanalytiques, les commentateurs du tableau s'accordent en général à voir dans la coquille Saint-Jacques le sexe féminin. Vénus – Aphrodite, chez les Grecs – est née d'après Hésiode de la castration d'Ouranos par son fils Kronos. Des gouttes de sang retombant sur la Terre sont nées les Érinyes, divinités de la vengeance, qui veillent à ce que le sang versé ne demeure pas impuni. Après l'avoir tranché, Kronos jeta le sexe de son père au loin, au milieu de la mer. Il retomba au cap Drepanon, au nord-ouest de la Sicile, au pied du mont Éryx. Mais un sexe de dieu ne perd pas sa puissance du fait d'avoir été coupé. De la semence d'Ouranos mélangée à l'écume des vagues naîtra Aphrodite, déesse du désir sexuel (en grec, *aphros* signifie « écume »). C'est bien l'ensemble des éléments de cette légende que condense le tableau de Botticelli en une composition originale. La sexualité est évoquée par la nudité, les mouvements lascifs de la déesse, la coque géante ; l'étrange naissance est rappelée par le milieu aquatique. La castration du titan est pudiquement présente par la chute des roses, qui sont comme autant de gouttes de sang retombant du ciel.

La jeune fille qui fit ce rêve réassemble les éléments du tableau en un nouvel agencement. Le coquillage d'où surgit la Venus du tableau, représentant son sexe ouvert, vient ici obstruer le sexe de la jeune fille. La naissance cataclysmique du mythe grec devient dans le rêve une belle mort en un écrin d'eau cristalline. Les roses, comme autant de gouttes de sang, deviennent ces coquillages répandus par centaines sur les dalles de la place Saint-Marc.

Une première lecture du rêve, le long du tableau de Botticelli, indique que la légende de la naissance d'Aphrodite, qui pourrait être résumée dans la phrase « et le désir sexuel déferla sur le monde », est ici inversée. Le rêve a décidé par conséquent de la contredire. On peut étouffer le désir, obstruer le sexe de la femme, le conditionner à la beauté. Car la beauté est partout présente dans ce rêve, dans l'évocation de la ville de Venise, dans le scintillement de la place Saint-Marc recouverte d'une pellicule d'eau, dans la sensation que laisse le rêve au réveil. D'où j'en conclus que le concept du rêve est une sorte de promesse que se fit cette jeune fille à elle-même à l'époque de ce rêve, *celle de ne s'ouvrir qu'à condition de la beauté.*

Le « carré d'Oscar Wilde » n'existe pas à Venise. Mais l'écrivain anglais était aussi passionné de culture grecque qu'il était amoureux de la beauté. Son célèbre roman, *Le Portrait de Dorian Gray*, met en scène un jeune homme dont la beauté saisissante est préservée malgré sa vie de débauche. Les marques du temps et les flétrissures de ses actions s'inscrivent sur la toile du tableau, épargnant le héros qui conservera jusqu'aux toutes dernières pages sa beauté d'adolescent.

Des rêves comme celui du carré d'Oscar Wilde constituent des décisions. Ce sont des noyaux de philosophies personnelles. Leur action ne se résume pas au lendemain, elle perdure aussi longtemps qu'un autre rêve n'est pas venu lui succéder comme nouveau guide. Ils restent inscrits dans la mémoire des personnes qui peuvent les évoquer sans difficulté. Ils sont devenus compagnons du quotidien sans que le rêveur ait pour autant élucidé leur fonction. Une caractéristique de ces rêves est d'être figés, précisément, comme un tableau. De ce point de vue, ils ressemblent aux visions des voyants, sortes de tableaux immobiles aux mille détails, sur lesquels il leur sera loisible de revenir lorsqu'ils auront des questions sur leurs voyances.

Ces rêves, que l'on peut trouver chez un grand nombre de personnes, dont la dynamique est d'être un condensé de morale personnelle, je les appelle *rêves de stratégie d'existence.* Si Juliette avait relaté ce rêve à un interprète le lendemain de sa survenue, l'interprétation aurait pu être : « Vous attendrez longtemps avant de vous marier, jusqu'à ce que désir et vérité s'assemblent en une même personne. »

Mais reste une question. Pourquoi Juliette se rappelle-t-elle toujours ce rêve, le seul, d'après elle, à être resté intact en sa mémoire ? C'est que la décision prise à l'époque du rêve, au temps des balades dans Venise et des visites des musées, est toujours valable aujourd'hui, vingt-cinq ans plus tard, aucune nouvelle philosophie n'étant venue remplacer la première.

Lorsque l'interprétation précède le rêve

Dès le XIIIe siècle, les kabbalistes ont recherché avec passion les moyens de contraindre Dieu. Le premier à poser explicitement cette question, Abraham Aboulafia, avait élaboré des techniques complexes, essentiellement faites du maniement des lettres de l'alphabet hébraïque, pour l'obliger à répondre à leurs questions. Aboulafia considérait que Dieu était susceptible de se manifester dans les rêves, dans les objets de divination, lors de la possession par l'esprit saint et dans la prophétie. De ces quatre espaces, le rêve est évidemment le plus accessible au commun. Moshe Idel, dans un petit ouvrage intitulé *Les Kabbalistes de la nuit*, entreprend de saisir la logique qui prévaut à ces techniques de convocation, et notamment celles permettant l'induction des rêves :

> J'aimerais plutôt me concentrer sur les techniques visant à induire de tels rêves, ou en d'autres termes à convaincre Dieu et les anges de se révéler dans les rêves : j'aimerais poser ici la question des techniques oniriques (p. 31).

La première des techniques de convocation est évidemment d'appeler l'être par son nom – à condition de le connaître, bien sûr ! On sait que le nom du dieu des Juifs, composé de soixante-douze lettres, est gardé secret. Le nom qui figure dans le texte, le tétragramme, est à la fois un voile et une explicitation ; on pourrait le traduire par « celui qui est ». Le croyant ne peut même pas prononcer ce nom-leurre qu'il remplace, lorsqu'il le rencontre dans le texte durant la prière, par *adonaï*, « mon seigneur ». Les kabbalistes, et surtout Abraham Aboulafia, seraient parvenus à établir le nom de Dieu composé des soixante-douze lettres. Lorsque le kabbaliste est tourmenté par un problème – on verra qu'il s'agit essentiellement de problèmes d'ordre ésotérique ou de questions de doctrine –, il peut donc, à certaines conditions, convoquer les êtres divins qui apparaîtront alors dans son rêve. Pour ce type de questionnements, c'est le prophète Élie ou des anges tel Gabriel qui est, comme on le sait, coutumier du fait. La puissance divine ne peut néanmoins descendre dans le monde telle quelle. Elle a besoin d'un vecteur, d'un « vêtement », pour ainsi dire. C'est précisément le vocabulaire de ces livres kabbalistiques qui sont très précis sur ce point : le vêtement de l'être qui s'exprimera dans le rêve est le corps du rêveur ; leur médium est sa voix. On peut lire dans le Sefer-ha-Meshiv :

> Pour une question dont on attend la réponse en rêve, il n'y a rien de mieux qu'eux. Récite-les dix fois et dis : « Saints noms qui viennent de Dieu, montrez-moi un rêve vrai ! » Puis, immédiatement, ils te montreront un rêve vrai touchant la question que tu poseras (p. 61).

Nous gardons à l'esprit que ce qui est appelé « rêve vrai », ce sont les « visions de songe » d'Artémidore, ces rêves où se manifestent des êtres, les seuls qui méritent l'attention de l'interprète. Mais les kabbalistes ne se contentaient pas d'invoquer Dieu ou le prophète Élie, ils avaient également recours aux puissances du Mal qu'ils prétendaient avoir obtenu les moyens de soumettre. C'est dans le corpus de textes, probablement rédigés dans les années 1470 en Espagne et connus sous le nom de Sefer-ha-Meshiv, « le livre de la réponse » – un livre dont on ne connaît pas l'auteur, les kabbalistes de l'époque considérant que c'est Dieu lui-même qui l'aurait rédigé –, c'est dans ce livre que l'on trouve les formules les plus étonnantes, incluant même l'appel aux démons et aux puissances du mal.

> Les manières licites d'appeler chaque puissance maléfique ou une puissance satanique sont d'invoquer son nom et ainsi il te sera dit, c'est le vrai. Tu dois dire : « Je te jure telle et telle Ammon de Non, le ministre de l'impureté, siégeant au côté gauche de Samaël, viens avec un arc recourbé dans ta main droite, et l'abomination de la croix dans ta main gauche, viens juste cette nuit, dans un rêve, ou ce jour dans un rêve et accomplis mon souhait en paroles ou sans paroles. » Ensuite, fais ton vœu. Et il viendra et se révélera à toi sous la forme d'un homme chevauchant un âne noir ou un âne blanc, dans ces deux formes il se révélera à toi (publié dans G. Scholem, *Le Maggid*, et repris dans Moshe Idel, *op. cit.*, p. 39).

Lorsque ces êtres apparaissent en rêve, le rêveur peut entendre une conversation, comme entre deux amis qui discutent entre eux. Ils peuvent également se manifester sous forme d'allusions à des formules connues, des maximes, des extraits de psaumes. La réponse la plus habituelle est la présence d'un verset biblique dans l'esprit du rêveur, au réveil. Il doit alors considérer que le prophète Élie est venu dans son rêve, lui indiquant que la réponse à sa question se trouve dans ce verset, précisément. Ainsi, lorsqu'un rêve survient à la suite d'une invocation aux êtres, il ne nécessite pas d'interprétation puisque, dans ce cas, *l'interprétation précède le rêve*. Il est alors inutile de se demander quelles informations véhicule ce rêve, puisque ce sont précisément celles que nous avons sollicitées à l'orée du sommeil. De plus, ce type de rêve ne nécessite pas à proprement parler de décryptage, la réponse s'exprimant en principe de manière explicite – plus claire que dans la pensée éveillée, en tout cas.

Si Dieu et le prophète Élie répondent en rêve aux kabbalistes à des questions de doctrine qu'ils se sont ardemment posées avant de s'endormir, répétant inlassablement les versets qui les préoccupent, s'enveloppant pour ainsi dire en un cocon de paroles sacrées, les puissances du Mal, elles, sont susceptibles de répondre aux questions profanes. Le Sefer-ha-Meshiv fournit même les formules permettant de les convoquer, telle celle-ci :

> « Je t'invoque et te demande de paraître immédiatement, *sans délai ni obstacle* (*bli 'ihur ve – 'iquv*) ; viens à moi dans un rêve de jour ou dans un rêve de nuit, pendant que je dors et non pas lorsque je suis éveillé » (p. 44).

La formule *bli 'ihur ve – 'iquv*, « sans délai ni obstacle », est restée dans la mémoire comme un condensé de la contrainte que l'on peut exercer sur les êtres. Reste à savoir comment les puissances maléfiques, Azriel, Samaël ou Ammon de Non, apprennent qu'une question leur a été posée et s'empressent auprès du rêveur. Là aussi, des techniques précises doivent être appliquées avant l'entrée dans le sommeil. Sans doute s'agit-il également de s'imprégner tant de la question que des invocations – de s'en envelopper, en répétant inlassablement les formules, de s'en imbiber, après les avoir diluées dans un liquide, ou encore par d'autres moyens physiques de ce type.

L'une des questions pour lesquelles ces puissances sont sans cesse sollicitées est celle des alliances. Telle fiancée conviendra-t-elle à tel jeune homme ? Les problèmes que traverse ce couple sont-ils dus à une mauvaise alliance, celle de deux âmes qui n'étaient pas destinées à constituer un seul être, comme il est dit dans les premiers chapitres de la Genèse ?

Curieuse circulation des techniques et des méthodes, dont on a vu qu'elles voyageaient entre les peuples bien plus facilement que les hommes ou, *a fortiori*, que les doctrines, cette forme d'interrogation du destin dont on attend la réponse en rêve se retrouve, quasi à l'identique, dans les pratiques soufies, notamment une pratique connue sous le nom de *listikhar*. Lorsque le croyant se trouve à une croisée des chemins, lorsqu'il lui faut prendre une décision, ou s'engager dans une action importante, il peut adresser une prière de consultation d'Allâh [*al-istikhâra*]. Si elle est formulée correctement, si de plus elle est accompagnée des sourates qui conviennent, si elle est précédée et accompagnée des procédures de purification adéquates, Dieu répondra en rêve.

Le *listikhar* est aujourd'hui « commercialisé », si l'on peut dire. Il est devenu une technique de voyance très répandue en Afrique islamisée, et tout particulièrement au Sénégal. Le marabout définit d'abord l'équivalence de la personne qui souhaite obtenir une réponse en valeur numérique, sa « substance », si l'on veut. Il se met ensuite en condition par des ablutions rituelles et des récitations ininterrompues du Coran. Une fois en état second (l'état de *djenner*), dont on dit qu'il peut conduire à des épisodes de confusion, appelés *ngueleum*, le marabout s'endormira dans l'attente d'un rêve où il obtiendra la réponse qu'attend son client. Il est connu que le *listikhar* (ainsi que le *khalva*, une technique très proche en son principe, mais réputée plus profonde car faisant appel à des êtres mythiques plus puissants) peut se révéler dangereux. Le marabout peut faire l'expérience du *djoumi* (hallucinations de diables ou de démons maléfiques tels les *seytanés* ou les *djinnés*) qui risque de déboucher sur de véritables décompensations psychotiques. Ainsi, il est connu que la convocation des êtres par des moyens contraignants – puisque ici aussi on force Dieu à fournir une réponse – est réputée comporter de véritables risques : s'il n'est pas véritablement pur, le marabout court le danger de sombrer dans la folie et, s'il est totalement impur, toute l'entreprise peut se révéler une véritable escroquerie.

Cette technique d'induction de rêves au service d'un tiers est tellement répandue au Sénégal que ses excès sont régulièrement repris dans la presse quotidienne. On pouvait par exemple lire dans *Le Soleil*, le quotidien sénégalais, du 1er mars 2008, qu'un certain Ousmane Ba, ayant trouvé une carte de visite, téléphona à son propriétaire en prétendant que son numéro de téléphone avait surgi dans un rêve de *listikhar*. Il demandait rétribution en échange des informations qu'il avait pu recueillir en rêve. Cette fois, l'escroc se fit prendre et passa même en jugement.

Ce que l'on peut retenir de ces techniques d'interrogation, c'est qu'il est entendu qu'à certaines conditions :

1) il est possible de provoquer un rêve ;

2) d'y convoquer des êtres ;

3) à qui l'on pose des questions ;

4) ces questions peuvent être des points de doctrine religieuse, mais peuvent aussi concerner la vie quotidienne du rêveur ou de sa famille ;

5) ces questions peuvent également concerner des tiers ;

6) autrement dit, ces techniques montrent que l'on peut rêver pour un autre, au service d'un autre, le rêve devenant le vecteur d'un vecteur ;

7) et même, comme dans ces récits de *listikhar* africain moderne, monnayer ses rêves !

Il ressort des remarques parsemant ce chapitre consacré aux dynamiques interactives qu'il est difficile de fixer des règles strictes d'interprétation du rêve, seulement des cadres généraux guidant la réflexion. La première leçon est le doute sur tout système d'équivalence automatique, tout dictionnaire, et plus généralement toute technique se référant au modèle « symbolique ». On aura néanmoins retenu le caractère indispensable de l'interprétation, partie constituante du rêve. On aura également compris que *l'interprétation d'un rêve est nécessairement une prédiction*. Si elle n'est pas formulée ainsi, elle ne sera active que si elle prend cette fonction pour le rêveur. Aux apprentis interprètes, le conseil de tenter une prédiction – au moins ce type d'énoncé sur le rêve est-il vérifiable. Notre réflexion sur les rêves pathogènes nous aura également conduits à ne pas surévaluer les rêves, certains pouvant se révéler toxiques, la santé de la personne passant même parfois par leur suppression. Le parcours des lumineuses réflexions du Talmud, à la fois contradictoires et paradoxales, a vigoureusement attiré notre attention sur la responsabilité de l'interprète par qui adviendra le rêve dans la réalité. Cette responsabilité est néanmoins partagée puisque la première question se trouve en amont, au moment où le rêveur décide de raconter son rêve.

Tel est celui à qui tu le raconteras, tel se réalisera ton rêve.

Une réflexion sur certaines pratiques kabbalistiques, très proches des pratiques soufies, nous aura également montré que le rêve n'est pas une matière monolithique et que le rêveur peut, à certaines conditions, participer à sa fabrication.

CHAPITRE 8

Classifications

Comme tous les onirocrites qui se sont penchés sur la question de l'interprétation, nous restons perplexes lorsqu'il nous faut trouver un ordre. Trois caractéristiques du rêve rendent les classifications problématiques :

1) Le rêve est nécessairement une illusion. Manifestation mentale d'un processus biologique insaisissable, il ne s'offre à l'analyse en tant qu'objet spécifique que du fait de sa profondeur historique. Au moins vingt mille ans de civilisations successives se sont heurtées à l'interprétation des rêves et ont apporté des réponses, à chaque fois singulières. Aucune classification ne sera valide qui n'intègre d'une manière ou d'une autre ce que nous savons du traitement du rêve dans des temps et des cultures éloignés.

2) Le rêve, nous l'avons longuement commenté, est essentiellement interactif. Il assimile tant les informations provenant de notre environnement que les acteurs de notre vie. Fragmentant les perceptions de la veille, il reconstruit de nouveaux récits à partir de bribes. Et, pour leur donner vie, il cherche inlassablement un interprète pour advenir au monde. Il n'est donc pas un objet intérieur que l'on

pourrait livrer à une analyse objective. Psychanalyse et neurophysiologie, qui cherchent toutes deux à le saisir, poursuivront longtemps une chimère. Le rêve n'est pas objet, mais constructions, propositions, hypothèses à la recherche d'un héraut. Il n'existe que d'une parole – celle du témoin –, il n'advient que d'une autre, celle de l'interprète. Alors que reste-t-il ? S'il est difficile de dire ce qu'il est, on peut parfois décrire ce qu'il fait, ce qu'il produit, ce qu'il fait advenir à son tour.

3) Du fait de sa nature illusoire et de sa dynamique interactive, tous ceux qui ont tenté des classifications ont de fait intégré le rêve à leur théorie. Ainsi le rêve s'est-il fait démonstration de l'existence des dieux successifs et aire d'expression des démons. Et, depuis que les psychothérapeutes se sont approprié l'objet, il est devenu théâtre de leurs joutes. Car, s'il est une caractéristique certaine, c'est bien celle de produire du lien, et souvent du conflit.

Nous allons tout de même tenter à notre tour une classification, mais à partir de la pragmatique du rêve, c'est-à-dire à partir de ce qu'il relie. Nous avons vu dans les chapitres précédents que nous pouvions distinguer trois catégories de rêves : les *effervescences*, sortes d'ébullitions passagères, immédiatement compréhensibles et qui ne nécessitent pas d'interprétation ; les *signaux*, qui avertissent d'un événement imminent, tel qu'un danger ou une maladie, et les *vecteurs*, qui mettent le rêveur en relation avec des êtres, des forces et des éléments auxquels il ne peut accéder dans la vie éveillée.

Cette catégorisation est néanmoins trop vaste, trop théorique. Elle ne permet pas une appréhension fine d'un rêve qui nous serait relaté. Elle permet seulement de classer des rêves déjà accomplis et n'autorise pas l'appréhension d'un rêve « frais » avec aisance et au moins une certaine familiarité. Nous avons rencontré d'autres possibilités de classer les rêves ; selon les actions qui s'y déroulent, les personnages qui y apparaissent, les lieux qu'ils évoquent, les ordres de la nature, mais ces classifications nous ont toujours semblé artificielles. La seule qui me paraît pertinente et utile est celle qui les classe à partir des réponses qu'ils induisent.

Les rêves qu'on n'interprète pas

Nous avons vu en premier lieu qu'il convient de distinguer les rêves qu'on interprète de ceux qu'on n'interprète pas. Mis en présence d'un rêve, il faut toujours garder à l'esprit qu'il est autant de raisons de ne pas l'interpréter que de l'interpréter. Tous les rêves ne sont pas parvenus à un tel niveau de cohérence qu'ils peuvent donner lieu à une prédiction. N'oublions pas qu'ils travaillent par essais successifs et, n'ayant pas d'humeurs, remettront indéfiniment l'ouvrage sur le métier. Si le rêve n'a pas suffisamment mûri aux coctions de la nuit, l'interprétation se révélera filandreuse, s'accrochera à des souvenirs, s'échappera vers des constats et certainement des banalités. La plupart des interprétations que l'on peut lire dans les dictionnaires de supermarchés sont de cette facture et en tout cas toutes les interprétations dites « symboliques ». Elles laissent l'esprit insatisfait, qui se demande pourquoi de telles platitudes auraient besoin pour s'exprimer de machines aussi sophistiquées que le rêve. Ces interprétations, issues le plus souvent de quelque ouvrage savant de l'Antiquité, colportées au gré des temps, ne sont ni vraies ni fausses ; elles sont inactives. Alors, plutôt que de se transformer en charlatan, il est bon de renvoyer le rêveur à son travail de la nuit avec l'énigme de son propre rêve.

Rêveur, ton rêve n'a pas totalement accompli son travail. Ne le brutalise pas, ne l'étouffe pas, laisse-le poursuivre !

On reconnaît ce type de rêves à l'absence d'accent. Ce repérage est certes subjectif ; du coup, certains interprètes pourraient considérer que ce rêve admet une interprétation, d'autres non. Il faut d'abord s'assurer que l'on a saisi le maximum d'éléments du contexte, que l'on connaît la langue du rêveur, ses référents, ses dieux et ses démons. Il faut également parcourir les lieux représentés, les expliciter avec le rêveur, tout comme les êtres, les humains, les non-humains, les animaux. Une fois en possession de tous ces renseignements, si l'on ne perçoit pas ce que je désigne comme l'« accent du rêve », ce signe indiquant que la réalité a été repensée par le rêve, qu'il n'est pas une simple copie du monde, on se doit de renoncer à l'interprétation.

En règle générale, on évitera d'interpréter un rêve qui est manifestement copie exacte d'une réalité – qu'il s'agisse d'un événement vécu, de l'expression d'un besoin ou d'un désir, ou de la représentation de l'état actuel du rêveur. Des énoncés tels que « vous en avez assez de votre vie sexuelle et vos désirs recherchent une satisfaction en dehors du mariage » sont à bannir, et même si des prédécesseurs illustres ont agi autrement.

Les rêves qui révèlent des secrets sur la personne

Certains rêves semblent si transparents qu'ils représentent une tentation pour l'interprète. Qu'il garde toujours à l'esprit la recommandation d'Artémidore qu'aucun rêve ne mérite son attention qui ne débouche sur une prédiction. Cependant, certains maîtres du passé ont interprété de tels rêves en opposition avec cette règle. Le premier fut sans doute Rabbi Yichmaël, personnage talmudique haut en couleur, assaillant le Saducéen venu l'interroger sous une rafale d'interprétations :

> Un certain Saducéen a dit une fois à Rabbi Yichmaël : — J'ai vu dans mon rêve que je versais de l'huile dans les olives. Rabbi Yichmaël lui a répondu : — de toute évidence, il a eu des rapports intimes avec sa mère. Le Saducéen lui a ensuite dit : — Dans mon rêve, j'ai vu que j'avais arraché une étoile du ciel. Rabbi Yichmaël lui a répondu : — Ceci indique que tu as enlevé un Juif. Il lui a dit par la suite : — J'ai également vu dans mon rêve que j'avais avalé l'étoile. Rabbi Yichmaël lui a répondu : — Ceci indique que tu as vendu le Juif que tu as enlevé, et que tu as consommé l'argent que tu as reçu pour cette vente. Il lui a encore dit : — J'ai vu dans mon rêve que mes yeux s'embrassaient. Rabbi Yichmaël lui a répondu : — Il a eu des rapports intimes avec sa sœur…

Et plus loin :

> Le Saducéen continue à raconter ses rêves à Rabbi Yichmaël. Il lui dit : — Dans mon rêve, j'ai vu que des colombes entouraient mon lit. Rabbi Yichmaël lui a répondu : — Tu as rendu

impures de nombreuses femmes. Le Saducéen lui a encore dit : — J'ai vu que je tenais deux colombes et pourtant elles s'étaient envolées. Rabbi Yichmaël lui a répondu : — Ceci indique que tu t'es marié avec deux femmes et que tu les as libérées sans leur donner d'acte de divorce. Il lui a dit ensuite : — J'ai vu dans mon rêve que j'épluchais des œufs. Rabbi Yichmaël lui a répondu : — Tu as dépouillé des cadavres.

Le Saducéen a alors dit à Rabbi Yichmaël : — Je suis en effet coupable de tous les péchés que tu m'as imputés, à l'exception du dernier. Celui-là, je ne l'ai pas commis.

La Guemara raconte toutefois que cette protestation d'innocence du Saducéen se révéla fausse. Entre-temps une femme arriva qui dit au Saducéen : — Cette cape qui te couvre, je la reconnais ; elle appartient à Untel qui est décédé et tu l'as dépouillé de son vêtement. Ainsi l'interprétation de Rabbi Yichmaël s'est-elle finalement révélée exacte (Talmud Bavli, traité Berakhot, 56b).

Les interprétations de Rabbi Yichmaël ne sont en rien des prédictions. Il utilise plutôt le rêve comme un juge scrutant des pièces à conviction à la recherche de la culpabilité d'un prévenu. On ne se suffira pas pour expliquer cette singularité du fait que ce récit est sans doute plus une charge contre la secte des Saducéens qui refusaient, entre autres, l'enseignement du Talmud, qu'une véritable transmission concernant le rêve. Les significations que véhicule ce rêve ont néanmoins fait école, que l'on retrouvera, dans les clés des songes tant juives que musulmanes : introduire de l'huile (d'olive) dans une olive, comme équivalent de l'inceste avec la mère, la colombe comme équivalent de la femme sexuée, l'œuf en tant qu'équivalent du cadavre, etc. Il n'en reste pas moins que la performance divinatoire de Rabbi Yichmaël laisse à entendre qu'il est possible d'interpréter un rêve pour révéler un secret que le rêveur tient caché, peut-être aussi à lui-même. Cette dynamique, cela va sans dire, ne peut être celle de l'interprète habituel de rêves. Si elle ne contribue pas à affiner notre théorie de l'interprétation, cette parabole talmudique vient nous rappeler que le rêve peut devenir une arme redoutable aux mains de qui souhaite confondre le rêveur, même s'il s'appuie dans ses interprétations sur des équivalences attestées et convaincantes. La révélation du caché pourrait à la rigueur être considérée comme une prédiction, cette prédiction serait alors aussi une condamnation. C'est pourquoi, sauf à vouloir confondre un voleur ou un criminel, l'interprète doit exclure l'explication, qui assoit sur le rêveur un pouvoir illégitime et instaure toujours un climat de suspicion.

Quelles que soient les tentations, quels que soient les sentiments de l'interprète, sa morale lui interdit d'utiliser le rêve contre le rêveur.

Les rêves de mise en garde

En règle générale, les rêves contiennent peu d'émotions. Lorsque des affects sont ressentis en rêve (tristesse, angoisse, douleur, joie, plaisir) et plus encore lorsqu'ils perdurent au réveil, ils doivent toujours être compris comme des mises en garde. J'ai évoqué ces cauchemars qui contiennent une perception fine d'une réalité proche du rêveur, signalant un danger pour sa vie ou pour celle de sa famille, ou encore pour sa carrière – en tout cas un danger qu'il ignore ou qu'il se refuse à prendre en compte. Ces rêves se reconnaissent surtout aux affects qui y sont exprimés, à leur intensité, au fait que tout l'accent du rêve s'y trouve concentré.

Je prendrai pour exemple un rêve très fréquent, celui de la perte du sac à main ou du portefeuille, de la perte des papiers d'identité ou du titre de transport. Le rêveur décrit l'étonnement d'abord, devant la disparition d'un document qu'il savait trouver là, dans cette poche intérieure, dans tel compartiment du sac ; l'inquiétude ensuite à l'idée des conséquences, la fuite éperdue, parfois. Il est frappant que l'essentiel de son récit s'attache à la description des affects ressentis : « J'étais terrorisé à l'idée que le contrôleur allait me demander de présenter mon ticket [...], je fouille une nouvelle fois toutes mes poches à la recherche de ma carte d'identité et mon angoisse augmente. » Ces rêves inquiètent ; ils sont racontés à qui veut les écouter, espérant une réponse, un réconfort. Dans ces rêves, il s'agit le plus souvent de la perception du danger lié à un changement important dans la vie de la personne – changement auquel elle se refuse à prêter attention. Tel va se marier après une longue période de vie commune avec sa compagne. Pour lui, il s'agit d'une formalité. Aucun changement n'est au programme : ils habiteront dans le même appartement, ne modifieront en rien leur mode de vie, sa compagne ne changera même pas de patronyme, ayant décidé de conserver le sien. Ils ont pris le parti d'éviter le mariage à l'église, tout comme la grande réception familiale. Ils organiseront seulement une petite soirée entre amis, « rien que des intimes » – une soirée qui ne sera pas très différente de celles qui les réunissent régulièrement. C'est dans un tel contexte – changement structural profond et dénégation de son importance – que surviennent ces rêves. Ils annoncent une véritable métamorphose et le nécessaire renouvellement des repères qui en découlera.

L'interprète peut ici se contenter d'une simple question telle qu'*« un changement important va-t-il se produire dans votre vie ? » Elle pourrait être suivie par : « Il est parfois utile de s'y préparer »*... De tels rêves ne peuvent pas recevoir d'interprétation prédictive puisqu'ils sont eux-mêmes prédictions. Ils annoncent l'événement ; ils sonnent comme une mise en garde : « Toi qui pensais que ton mariage n'était qu'une simple formalité, tu en seras pourtant profondément bouleversé de l'intérieur. Sans doute changeras-tu radicalement ; tu en seras affecté jusqu'à ta propre apparence. Tous les éléments objectifs que tu détenais sur ton identité, ton regard sur toi-même, tout cela est caduc. Prépare-toi à être qui tu deviens. »

Nous avons repéré ce type de rêve à l'intensité des affects et au caractère relativement peu élaboré du scénario, qui semble automatique, comme si la trame en avait été empruntée telle quelle. Certains cauchemars sont ainsi, dans lesquels les affects, en général anxieux, ou parfois, pour les plus marquants, des douleurs physiques violentes, détonnent avec la banalité du récit. Tel intellectuel de haut niveau m'a un jour raconté ce rêve qui aurait pu être rêvé par un enfant de 7 ans :

> « Dans mon rêve, je dormais tranquillement, lorsque, toujours dans mon rêve, je suis réveillé par une terrible piqûre au poignet. Je ressens une douleur aiguë à laquelle je ne peux échapper. Je perçois clairement qu'un serpent vient de me mordre, une petite vipère, comme celles qu'on peut quelquefois voir s'échapper dans les fourrés en marchant dans les sous-bois. Je la vois qui glisse hors des couvertures et file sous mon lit. Je me réveille cette fois réellement, très angoissé, avec la certitude d'une blessure ou d'une brûlure à l'endroit indiqué en rêve. Et je reste longtemps étonné par la différence entre la douleur du rêve, précisément localisée, et la sensation de mon poignet intact au réveil. »

Ce sont clairement ceux que j'appelle « rêves de mise en garde », ceux-là qui contiennent deux niveaux de perception : l'un de l'ordre du caché – les sensations éprouvées en rêve – et l'autre, du visible : le poignet intact et l'inquiétude au sujet d'une éventuelle piqûre, de moustique par exemple. Le rêve est constitué de l'ensemble : la morsure du serpent dans le monde de la nuit, le poignet intact au réveil, ne comportant pas même une rougeur. Ce rêve s'interprétera comme la perception d'une agression sournoise, commise par un proche, un allié, un associé, un frère, qui ne montre rien, bien au contraire de ses véritables sentiments pour le rêveur. Pour ce type de rêves également, il sera très difficile de fournir une interprétation telle que je l'ai définie, c'est-à-dire une prédiction. L'intervention de l'onirocrite tiendra davantage du diagnostic du pneumologue ayant perçu une tache à la radio de contrôle. « Vous ne ressentez rien, vous n'êtes pas conscient du danger, mais l'ennemi est dans la place. »

Les rêves sexuels impliquant des personnes de l'entourage proche

Il convient de ranger certains rêves sexuels dans la catégorie des rêves de mise garde. Ce sont ceux où le rêveur (ou la rêveuse) se voit lui-même initier des approches amoureuses, voire de véritables relations sexuelles avec des personnes de son entourage proche, telles que des personnages de sa famille (beaux-frères, belles-sœurs, oncles et tantes), des collègues de travail, des référents sociaux (médecins, assistantes sociales, professeurs, mécaniciens, plombiers, etc.). L'amour et la sexualité sont le théâtre quotidien de la réciprocité. Dans la vie éveillée, la personne est surtout attentive à ses propres sentiments. Elle se demande si elle aime son partenaire, si elle le désire. Le rêve explore ici ce dont la réalité ne permet que l'ébauche : les désirs et les sensations de l'autre. Ainsi le garçon qui tente d'approcher sexuellement en rêve la femme du vendeur de journaux avec laquelle il n'a pas échangé plus qu'un regard a-t-il perçu à des signes discrets l'attirance qu'elle est susceptible d'éprouver pour lui. Ce rêve s'interprète comme la perception grossie d'une réalité silencieuse. De même, la femme qui, en rêve, tente de séduire par tous les moyens son professeur de piano a enregistré à quelques signes dont elle n'a pas pris conscience à l'état de veille l'intérêt qu'il pourrait éprouver pour son élève. En un mot, dans ces rêves, les personnages ont permuté. Le rêveur représente le partenaire hypothétique dont on explore l'intérêt sexuel, et le partenaire représente le rêveur. Les rêves sexuels sont des mises en œuvre d'une philosophie égalitaire, de ce que l'on appelait au XIXe siècle un « communisme primitif ». Ils explorent systématiquement toutes les relations sexuelles possibles, en empruntant alternativement le corps de chacun des partenaires. Ces rêves s'interprètent à peine, tant il est habituel qu'ils conduisent à de réelles tentatives d'approches amoureuses. Il est parfois utile de signaler au rêveur que, si, comme tous les rêves, celui-ci advient dans la vie du lendemain, il ne s'inquiète pas outre mesure, il n'est pas tenu de s'y soumettre. Le rêve explore les possibles, parcourt les vies que l'on aurait pu vivre, monte les scénarios qui auraient pu être notre vie. Si le rêveur doit souvent renoncer à les laisser advenir, qu'il se console, il rêvera à nouveau la nuit suivante, et encore la nuit d'après.

Les rêves sexuels impliquant des personnages inconnus

Il arrive très souvent que les adolescents fassent des rêves à contenu sexuel et même qu'ils parviennent dans leurs rêves à de véritables orgasmes. Ces rêves, impliquant souvent des personnages inconnus du rêveur, doivent être considérés comme des « effervescences ». Ils sont plus rares chez des adultes ayant une vie amoureuse et sexuelle. Que cette sexualité soit complète ou ébauchée, le rêve est l'espace privilégié de son expression. Il y a bien longtemps que l'on a remarqué qu'il s'accompagnait d'une turgescence des organes sexuels. On reste un peu narquois à la lecture des dispositifs expérimentaux venus valider durant les dernières décennies ce que les observations vulgaires avaient noté depuis toujours. Les hommes, chez qui le phénomène est naturellement bien plus visible que chez les femmes, ont une érection durant une bonne partie du sommeil paradoxal. Plus encore, l'entrée dans le sommeil paradoxal s'annonce par cette érection, et le dernier rêve de la nuit laisse l'homme en contact avec le témoignage physique d'une sexualité prise dans la torpeur de la nuit, signe sans visage. Cette sexualité des ténèbres, différente de celle du jour, est une nudité invisible, laissant transparaître la pulsion, sans même l'excuse de l'objet.

Nous avions noté que certaines langues étaient si proches d'un tel constat qu'elles l'avaient inscrit dans le mot qui désigne le rêve. Dans les langues sémitiques, la racine trilitère H-L-M, qui décline des significations telles que « croître », « gonfler » ou « donner de la force », signifie

« rêve », associant clairement le rêve et l'érection. Si la psychanalyse a voulu situer la sexualité du côté des causes du rêve, les interprétations issues de la tradition ont plutôt eu tendance à la percevoir comme la fragilité du rêveur. Le rêve libérant une sexualité incontrôlée laisse la personne aux prises avec des êtres de la nuit en maraude. C'est du fait que cette sexualité onirique fracture le moi, le laissant ouvert aux intrusions, que se sont développés depuis l'Antiquité ces récits d'accouplement en rêve avec les diables, les esprits, les démons, voire les véritables mariages de l'envers, comme avec ces « maris de la nuit » dont on entend parler en Afrique centrale. Autrement dit, durant son rêve, très profondément endormie, sexuellement ouverte, la personne ne saurait résister aux sollicitations des êtres. Les choses ont changé avec le XIXe siècle. Prise dans le mouvement, la psychanalyse était persuadée qu'elle était parvenue à chasser des rêves les démons visiteurs en se référant au désir du sujet. Les observations récentes ayant montré que ces turgescences oniriques étaient périodiques, profondément articulées avec les phases du sommeil, en un mot instinctuelles, ont relancé la question des antiques. Le rêve répand dans son espace propre une sexualité déliée. Les personnages qui s'y fixent, pour la durée d'un rêve ou parfois de plusieurs, ont de fait pénétré son intimité. Lorsque ces personnages sont inconnus, on doit considérer qu'il s'agit d'êtres. Tels doivent par exemple être considérés les rêves de Thérèse d'Avila qui savait, au sortir de ses nuits, qu'elle avait aimé Dieu, tout comme ceux de sœur Jeanne des Anges, supérieure du couvent des Ursulines de Loudun, qui, elle, avait eu commerce avec toutes sortes de diables. Tout se passe en effet comme si la personne avait tendu les filets de son érotisme, durant ces moments de sa nuit, déployé toutes ses capacités relationnelles, y compris sexuelles, jusqu'à ce que des êtres s'y soient trouvés pris.

De tels rêves sont typiquement de ceux pour lesquels l'interprétation consiste avant tout en prescriptions. Il s'agit d'abord d'identifier les êtres et de leur accorder un statut dans le monde normal de la veille. « L'homme de votre rêve était le grand-père Hubert. Il est revenu parce que ses descendants ne se parlent même plus, disséminés à travers l'Europe entière. Vous serez celle par laquelle se reconstituera la famille. » Le second temps découle du premier. Il ne sera pas nécessairement formulé. Il n'est pas certain que la rêveuse attendra qu'on le lui recommande pour reprendre contact avec ses cousins. Et le rêve sera advenu dans le monde de la veille. D'une relation sexuelle incompréhensible, vécue en rêve avec un inconnu, pourra découler une grande explication familiale.

Les rêves qui ne concernent pas le rêveur

Nous avons vu en passant, au sujet de celui de Pharaon, que certains rêves, s'ils sont susceptibles d'être interprétés comme des prédictions, ne concernent pas le seul rêveur – celui de Pharaon était une prédiction pour l'Égypte, son royaume, et même pour toute la région. Ce sont évidemment les rêves des chefs – chefs de famille, en premier lieu, chefs dans des organisations sociales, aussi, groupes, partis, syndicats, associations, sociétés, mais également les responsables dans des organisations professionnelles, les institutions, les bureaux, les sociétés commerciales. Il va de soi que, lorsque le rêveur (la rêveuse) est l'un(e) de ces responsables, la première piste à laquelle on doit spontanément penser pour interpréter son rêve est celle de l'entreprise. Le directeur rêve de l'avenir de son entreprise, le ministre, du devenir de son département, le secrétaire général, des aléas de son organisation syndicale, et ainsi de suite... C'est dans cette catégorie que l'on pourra également ranger les rêves célèbres de savants que nous avons évoqués en passant, comme celui du chimiste Kekulé qui, naturellement, rêve de ces êtres avec lesquels il bataille tout au long de ses journées : les molécules. Rêves altruistes, pourrait-on dire, rêves traitant une question d'intérêt général, rêves militants ou citoyens, leur interprétation viendra toujours renforcer la mission du rêveur et le confirmer dans sa position. Il est très important que l'interprétation de ce type de rêves ne soit pas rabattue sur la seule personne du rêveur. Il faut permettre au rêve de s'épandre, de trouver son véritable champ d'expression, de s'exprimer dans la vie sociale.

Rêveur, considère le monde et regarde comme ton rêve le saisit à bras-le-corps. Ton rêve est philosophie ; mais philosophie que tu n'as pas encore inscrite en concepts. Philosophe, regarde les personnages du rêve, ils sont souvent concepts animés, ce que seraient les concepts s'ils prenaient vie et faisaient irruption dans le monde en exigeant leur part.

C'est pour ces rêves que l'onirocrite devra démontrer ses capacités interprétatives en propulsant leurs messages dans le monde réel pour dynamiser la vie sociale.

Les rêves carrefours des morts

Nous avons beaucoup perdu de nos capacités à concevoir les morts, leur existence, leur devenir. Nous parvenons parfois à penser que la disparition de proches engendre angoisse et tristesse chez les survivants. En admettant cela – et du coin des lèvres encore ! –, nous ne parlons pas de la partie intelligente de ces survivants, mais de leurs soubassements sauvages, de leurs attachements infantiles. Ce serait du fait de l'incapacité d'une partie de leur être à accepter l'inéluctabilité de la mort que les survivants éprouveraient de telles émotions. La seule influence que nous concédons aux morts, c'est cette émotion que ressentent les survivants. Mais nous la considérons comme le signe d'une dépendance imaginaire, d'un « reste d'enfant au cœur de l'adulte ». Pourtant, à y réfléchir, les morts sont typiquement l'incarnation d'un concept ; essentiellement pensée, leur existence peut être attestée par une sensation. Nous pouvons éprouver cet assemblage du conçu et du ressenti lorsque nous apprenons le décès d'un absent, d'un proche, d'un parent, que l'on n'avait pas revu depuis longtemps, parfois dix ans ou davantage. Absent, il restait dans la catégorie des vivants – éloignés, peut-être, mais partageant le même monde ; sa rencontre, même improbable, faisait partie des possibles. Et, lorsque nous recevons la nouvelle de son décès, un coup de fil, un e-mail, voilà que l'on s'effondre en larmes. C'est à notre réaction que nous comprenons qu'il vient de changer de monde.

Il s'agit évidemment d'une opération intellectuelle (nous comprenons qu'il a disparu) ; mais qui se trouve validée par l'émotion (les larmes). On a beau ne plus prêter attention à son absence, d'apprendre sa mort, et voilà que la tristesse nous envahit. Nous savons qu'il vient de pénétrer dans un monde spécifique. La tristesse de l'endeuillé n'est pas faite de l'effort pour surmonter l'absence ; elle est traduction de la recherche du disparu dans le nouveau monde qu'il vient de rejoindre. Je sais penser à toi vivant, même habitant sur une île du Pacifique depuis vingt ans. Une fois mort, je ne sais plus te situer. Car les morts pour ce qu'ils sont, les morts dans leur devenir de morts, les morts cinq ans après leur mort, dix ans après, vingt, cinquante, nous ne savons rien en dire. Il n'en a pas toujours été ainsi, pourtant et il n'en est pas ainsi partout. Les cultes des morts sont probablement les plus anciens des rituels, et l'on peut raisonnablement penser qu'ils ont précédé toutes les religions. Ces cultes étaient présents partout, y compris en Europe du Nord, jusqu'au début du XIXe siècle – se souvient-on que le 1er novembre fut longtemps le jour des Morts, ensuite repoussé au lendemain, jour où l'on partait déjeuner avec eux dans les cimetières ? Ces cultes ont été combattus par les autorités comme des espaces dangereux de liberté païenne. L'Église à peine naissante a immédiatement tenté de les éradiquer. Que l'on pense à la fameuse formule du Christ : « Laissez les morts enterrer les morts », dont l'intention est claire. Il s'agissait d'éloigner les chrétiens de leurs anciennes pratiques.

Résumons en quelques mots : spécificité évidente de ces êtres, les morts, hybrides de concepts et d'émotion ; impossibilité de maîtriser leurs cultes qui tendent à s'échapper en révoltes païennes contre les Églises et les institutions ; permanence de préoccupations à leur sujet à travers le temps et l'espace, jusqu'à en faire peut-être l'un des seuls invariants culturels.

Les conceptions des morts sont évidemment très différentes selon les cultures, mais quelques principes semblent constants. 1) La mort est une nouvelle vie, dans un espace distinct du monde commun (enfers, monde des morts, paradis). 2) Une fois décédé, le disparu commence sa nouvelle vie de mort, souvent initiée par ces rituels organisés par les survivants que sont les funérailles. La plupart des cultures considèrent que l'on peut aider les morts à réussir leur passage par ces rituels spécifiques. 3) Il est rare que les morts soient honorés au-delà de deux ou trois générations. 4) Certains morts, cependant, réussissent tout particulièrement leur carrière de mort et perdurent génération après génération ; on les considère fondateurs de lignées, ancêtres. 5) Dans certaines cultures, comme celle de l'Égypte ancienne ou dans certaines cultures africaines contemporaines, comme au Bénin ou au Cameroun, les ancêtres peuvent progresser encore jusqu'à devenir divinités.

Si, en Europe, l'Église a tenté par tous les moyens d'éloigner les chrétiens des cultes des morts, ce sont la raison scientifique et la vie urbaine qui ont finalement eu raison de ces pratiques ancestrales. Pas tout à fait, cependant, car, exclus de la vie consciente, les morts ne cessent de visiter les rêves. À croire qu'ils ont une appétence particulière pour cet espace, depuis le rêve qui suit le décès, survenant le lendemain ou le jour suivant, jusqu'à ceux que des personnes, et pas nécessairement de la famille proche, font des mois ou des années après leur disparition, dans lesquels les morts délivrent leurs recommandations aux vivants. Et cela est parfaitement compréhensible si l'on a compris les modalités habituelles des rêves, qui viennent penser l'impensable, forger les concepts de l'invisible, fabriquer un possible que la pensée éveillée, engluée dans ses habitudes ne parvient pas à imaginer.

Le rêve est le terrain privilégié des morts.

Sachant cela, comment interpréter un rêve où revient un mort ? Pour répondre, nous adopterons d'abord le point de vue des morts. Pourquoi reviennent-ils ainsi investir les vivants ? Qu'est-ce qui du monde des vivants les intéresse encore ? La réponse est cette fois immédiate : les morts viennent exiger le rétablissement d'un ordre dont ils attendent leur progression dans le monde des morts. Car les morts ont perdu les parties molles ; ils tendent vers la rigidité, ils instillent la rigueur au cœur du vivant. S'ils sont concepts, concepts incarnés, disions-nous, ils font partie de ces noyaux que l'on trouve dans les schémas aux intersections. Nos organisations les plus accomplies nous viennent des morts : les noms, d'abord, des personnes et des lieux, sont le plus souvent des incarnations. Nous convoquons les morts quelquefois, devant le danger du chaos.

C'est essentiellement le travail quotidien des notaires qui lisent, interprètent et appliquent leurs volontés, celles qu'ils ont dictées avant leur disparition. En l'absence des notaires, ou de leurs équivalents dans les autres traditions, des porte-parole des morts, il est certain que les survivants s'entre-déchireraient sans fin autour de la dépouille. En faisant parler le mort, le notaire interrompt le chaos de l'absence. Alors, lorsqu'un mort revient en rêve, nous savons qu'il s'agit de restaurer un ordre : dans la gestion de son héritage, bien sûr, mais aussi une dette impayée, une injustice manifeste qui perdure, une erreur dans la perception de la famille, de la lignée, de la descendance. En premier lieu, il s'agira d'observer le mort du rêve. Le voit-on ? Jusqu'à en distinguer clairement les traits ? Était-il immobile ou bien se déplaçait-il ? De son fait ou parce qu'il empruntait un véhicule ? Comment était-il vêtu ? Portait-il le vêtement des morts, une longue robe blanche, son linceul, ou bien avait-il emprunté le vêtement d'un vivant ? Restait-il immobile, le dos tourné, ou regardait-il le rêveur. A-t-il parlé ? A-t-on pu distinguer ses paroles ?

Exemple de rêve de mort. Une femme, parisienne, rend visite à sa famille en province. À la suite de cette visite, elle fait le rêve suivant :

> « Je suis à Besançon, devant une maison de banlieue, dans une sorte de cour avec des gravillons. Une voiture est garée là. Il s'agit d'une réunion de famille chez Françoise, la veuve de mon cousin, récemment décédé. Il y a beaucoup de monde dans la maison. Je me tiens dans la cour avec mon neveu, le fils de ma sœur aînée, et la fille du cousin disparu, qui sont âgés de 6 et 8 ans. Il fait chaud, ils sont torse nu, avec des sortes de breloques accrochées à une corde autour du torse. La voiture démarre alors qu'il n'y a aucun conducteur à l'intérieur. On entend les pneus crisser sur le gravier. J'ai peur de l'accident. Françoise, la veuve de mon cousin, sort de la maison, un grand sourire sur les lèvres. Je pense qu'elle sait comment arrêter le véhicule. Je lui rappelle que ça s'était déjà produit dans le passé. Mais elle ne m'écoute pas, n'intervient pas et ne fait rien pour l'arrêter. Elle sourit seulement. Elle n'en a manifestement rien à faire et moi qui suis si angoissée. Je me précipite pour éloigner les deux enfants de la voiture. »

À la lueur de la discussion qui a précédé, un tel rêve est presque immédiatement compréhensible. Le cousin décédé va revenir conduire la voiture – ce qui peut signifier avoir des relations sexuelles avec sa femme, ou diriger les affaires de la maison. Le désordre résultant de sa disparition aurait dû être réglé par la famille et ses représentants. Si le mort revient prendre la direction des affaires, les enfants en subiront les conséquences, sa fille, en premier lieu, et le neveu de la rêveuse, qui est aussi le neveu du disparu. Le fait que l'on ne voit pas le mort, qu'il n'est manifestement pas installé dans sa nouvelle existence de mort, qu'il veut s'infiltrer chez les vivants, est le signe du désordre qui règne dans la famille depuis son décès. Les morts installés dans leur vie de mort, si l'on peut dire, apparaissent immobiles, un peu figés. S'ils parlent, quelque chose d'inhabituel dans leur apparence vient rappeler que la voix provient d'ailleurs, comme si elle surgissait d'un mur. Lorsque les morts sont satisfaits des vivants, ils laissent une trace de leur passage.

> Un jeune homme de 19 ans, incarcéré pour un délit grave, me raconte le rêve suivant : « Dans mon rêve, j'étais couché sur le dos. Il y avait un homme qui se tenait derrière moi, avec une barbe, vêtu d'une longue chemise de nuit blanche. Il me dit : “Tiens, prends cela.” Je me retourne pour voir ce qu'il veut me donner et l'homme avait disparu. Il n'y avait plus personne. »

Dans la journée qui suivit le rêve, le jeune homme reçut une lettre du juge d'instruction lui annonçant que son procès allait être révisé. Le rêve ne pouvait s'interpréter que comme un présent offert au jeune homme par l'un de ses ancêtres, sans doute son grand-père. Le présent était la lettre du juge. Les morts apaisés donnent aux vivants ; les morts suspendus, mal morts, mal enterrés ou sans funérailles, les morts maltraités, quelquefois de manière contraire à leur tradition, ceux-là viennent exiger leur dû aux vivants.

Aucun don provenant du mort dans le rêve de la voiture se déplaçant sans chauffeur. La rêveuse ne le voit pas, ne l'entend pas, il marque sa présence par le mouvement inquiétant de l'auto. S'il se déplace, on ignore tout de ses intentions ; c'est même la source de l'angoisse du rêve. Un tel rêve s'interprète comme une mise en garde, un énoncé tel que : « La succession de votre cousin est restée en suspens. Vous devrez vous en occuper sans tarder. Il faudra tomber d'accord de peur que les conséquences n'incombent à la génération suivante. »

Les morts apparaissent dans les rêves de leurs descendants, en premier lieu pour régler les problèmes liés à leur succession. Et c'est souvent le parent éloigné, celui qui a été oublié dans le testament, que les descendants immédiats n'ont pas convié aux cérémonies – c'est celui-là qui sera investi par le mort. Là aussi, il faut être prudent dans les formulations ; l'interprétation aura toujours un impact sur l'organisation de la famille.

Par ailleurs, il faut veiller à repérer la séparation des espaces. Dans le rêve du jeune homme incarcéré, celui des morts est parfaitement séparé de celui des vivants. Dans son rêve, le jeune homme ne peut tout à la fois voir et entendre le vieux venu lui porter son présent – c'est bien la marque de l'apparition d'un mort. Dans le rêve de la femme, en revanche, on ne parvient pas à distinguer les espaces, à tel point qu'il est même difficile de comprendre que cette voiture qui démarre sans chauffeur est conduite par un mort. Le célèbre rêve rapporté par Freud dans *L'Interprétation des rêves* fait par un homme ayant longtemps soigné son père avant son décès décrit clairement la même absence de délimitation entre les espaces. C'est même sur cette ambiguïté que se porte l'accent du rêve.

> Un homme qui a soigné son père malade et qui a beaucoup souffert de sa mort fait, peu de temps après cette mort, le rêve absurde suivant : *Son père était de nouveau en vie et lui parlait*

comme d'habitude, mais (chose étrange), *il était mort quand même et ne le savait pas* (S. Freud, *L'Interprétation des rêves*, p. 366).

À la différence de Freud, j'aurais interprété ce rêve comme signe de l'absence de rituel accompli par cet homme lors des funérailles de son père. Car le principal repère signant la présence des morts est le passage d'un monde à l'autre et souvent, dans les rêves, le tribut à payer ou la formalité à accomplir à la frontière. Le fait que dans le rêve le passage est si fluide que le mort lui-même ne se rend pas compte qu'il a changé de monde est le signe évident de l'absence de rituel.

Nous trouvons cette même hésitation à distinguer les mondes dans le rêve de la femme. Nous pouvons même affirmer que, là, le rituel funéraire n'a pas été accompli et qu'il existe un litige au sujet de la succession.

Tous les onirocrites, d'Artémidore à Freud, ont noté qu'il est très fréquent que les morts apparaissent dans les rêves, au point que l'on pourrait penser que les rêves sont faits pour les accueillir. Les anthropologues du XIXe siècle (Frazer, Tylor) avaient imaginé que l'idée de l'âme était venue aux hommes pour expliquer l'apparition des absents dans les rêves, et notamment celle des morts. Les morts y figurent sous différentes formes. Lorsque leur présence est explicite en tant que morts, la prédiction découlant du rêve ne peut être que l'imminence d'une remise en ordre. On peut donc considérer qu'il s'agit d'un rêve optimiste. Rêver des morts est bon, surtout lorsqu'ils sont immobiles, vêtus comme des morts, plus encore lorsqu'ils offrent un objet aux vivants. C'est le cas du rêve du jeune homme incarcéré. Lorsque leur présence doit être déduite, comme dans le rêve de la voiture sans chauffeur, l'interprétation devra comporter une recommandation adressée au rêveur quant à la mise en ordre de questions qu'il faudra élucider à chaque fois.

En ce qui concerne l'interprétation de ces rêves où les morts apparaissent soit directement, soit imputés suite à l'analyse de l'onirocrite, il faut les mentionner clairement, ne pas hésiter devant des formulations telles que : « Votre cousin mort est revenu dans votre rêve… » Si l'esprit rationnel de l'interprète y répugne, le rêveur comprend parfaitement ce que peut signifier un tel énoncé. D'autant que l'interprétation peut se faire plus précise encore : « Il menace de prendre lui-même les affaires en main si personne ne traite les problèmes restés en suspens. » Une telle interprétation produit nécessairement une discussion au cours de laquelle le rêveur prend conscience des réorganisations nécessaires.

Enfin, certains rêves de morts débouchent sur des prédictions proprement dites – prédictions qu'il est parfois impossible de délivrer. Il est fréquent que les rêves de passage d'une frontière, de présentation de papiers à un douanier, d'explications à un portier qui interdit l'entrée d'un immeuble, de formalités à accomplir à l'entrée d'une administration, etc., annoncent la mort d'un proche du rêveur. On comprend qu'il est toujours délicat d'énoncer une telle interprétation. Si l'interprète n'est pas parvenu à identifier précisément le mort, il s'abstiendra. S'il y est parvenu grâce à des signes qui indiquent clairement l'identité du rêveur, et notamment des attributs de son nom, il s'abstiendra également, à moins de proposer au rêveur des procédures de correction du rêve.

Le rêve nu

Envisagés à partir de ce qu'ils produisent, ces rêves de mise en garde, de relations sexuelles avec des êtres, de retours des morts, ces rêves altruistes, militants ou citoyens, sont relativement plus simples. Susceptibles d'être répertoriées, les interprétations, qu'elles soient formulées sous forme de recommandations ou de prescriptions, sont relativement codifiées. C'est pourquoi j'ai pu en indiquer la trame. Pour les autres, ceux qui conduisent à une véritable prédiction, ces fameuses « visions de songes » d'Artémidore, même si leur interprétation doit respecter les mêmes règles générales, elle est bien plus difficile à formaliser. Elle surgit de cette voie étroite où le rêve engendre des eurêkas pour s'échapper vers un avenir spécifique. Car ces interprétations lisent et dessinent le destin dans un même mouvement. Pour y aider quelque peu, je peux fournir ici, à titre d'exemple, des fragments de rêves avec leur interprétation.

Les rêves de nudité sont fréquents. Ils ont souvent été décrits par les onirocrites. Freud y est revenu à plusieurs reprises, qui les considérait comme l'expression d'un désir exhibitionniste. Ce sont évidemment des rêves de défi. Ils campent en un raccourci saisissant des personnages d'usurpateur, ils scénarisent ces situations de la vie sociale où le rêveur prévoit de « bluffer ». Il sait par exemple qu'il se présentera le lendemain pour un emploi où il est exigé la maîtrise de l'anglais. Il considère le sien à peine du niveau d'un élève de lycée. Il tentera de convaincre les recruteurs qu'il est bien plus élevé. Dans son rêve, il est nu, mais lui ne le sait pas. Il est facile de comprendre que le rêve a inversé la situation réelle. Car, dans la vie, il connaît cette nudité (son faible niveau d'anglais) qu'il veut cacher aux autres. Dans le rêve, ce sont les autres qui savent et lui qui l'ignore. Cet exemple banal permet de comprendre que, inversant une situation gênante que le rêveur aura à affronter, son rêve est à la fois décision et défi. Il aurait pu renoncer à se présenter à ce poste, mais il a décidé de se jeter à l'eau. Il assume seul ainsi une position qu'il lui faudra tenir. C'est en cela qu'il est défi, à lui-même en premier lieu, c'est-à-dire décision d'être. Le Talmud avait noté de longue date que les rêves de nudité étaient des aveux d'ignorance de la Torah. Un autre passage du Talmud indique encore plus précisément que la nudité désigne le fait que le rêveur ne se conforme pas aux recommandations (*mitzwot*).

> Celui qui se tient nu en rêve [...], s'il se trouvait en terre d'Israël, le rêve indique qu'il est nu, c'est-à-dire dépourvu du mérite des *mitzwot* (Talmud Bavli, traité Berakhot, 57a[4]).

Ainsi le rêve de nudité est-il condensation de trois idées fortes : 1) un aveu – « je suis nu, c'est-à-dire dépourvu de connaissances, dépourvu de mérite » ; 2) un défi – « mais je me présenterai comme si j'étais recouvert, paré de vertus » ; 3) une décision – « et j'assumerai cette position », c'est-à-dire que pour les autres je ferai semblant, mais, pour moi même, j'accepterai d'être formé par un maître.

Ce rêve, sur une face un défi, présente sur l'autre un appel à un personnage d'un autre niveau, un maître, un savant. Le rêve de nudité est la quintessence du rêve. Celui qui l'écoute perçoit la nudité du rêveur, c'est-à-dire son manque, mais, du fait même de l'interprétation, lui propose un vêtement – un savoir, une présentation de soi, une substance. Peu ou prou, l'interprétation d'un tel rêve de nudité ne peut être que : « Rêveur, trouve-toi un maître ! » Trouve celui qui, te voyant nu, acceptera de te revêtir.

Il est facile de comprendre que les vêtements représentent la culture, sachant que l'être humain vient au monde nu et se revêt de la langue, des coutumes, de la connaissance des êtres et des choses que lui transmet son environnement. Ce constat est si vrai que dans bien des cultures la nudité signe la folie. Qui s'enfuit nu en brousse adresse à son groupe le message de son renoncement. Ceux qui connaissent les métropoles africaines ont certainement croisé aux abords de la gare routière, du marché, ou déambulant le long de la voie ferrée, des hommes, rarement des femmes, hirsutes et dévêtus. Leur présence dessine dans certains pays de véritables hôpitaux déambulants. Tout le monde sait que ces hommes sont « dérangés ». Certains rêves annoncent une telle perte des repères. Lorsqu'une jeune femme habituellement réservée, souvent engoncée dans des vêtements trop serrés, rêve qu'elle danse nue sous la pluie, on peut craindre la survenue d'un épisode psychotique. C'est en tout cas le signe qu'elle a renoncé à lutter, qu'elle ne s'efforcera plus de maintenir le vernis social nécessaire au quotidien. Dans ce cas, l'onirocrite a le devoir de prévenir.

Le rêve est mouvement

Je suis passager sur un paquebot. J'entends comme un bruit de fond, au-delà du souffle du vent, le ronronnement des moteurs. Toutes les nuits, quatre fois chaque nuit, je dégringole les coursives, j'ouvre successivement les quatre portes étanches. Le rêve est une descente dans la salle des machines. Le rêve dévoile durant un temps délimité un mouvement qui, lui, est permanent.

C'est pourquoi le rêve est action, mise en scène, succession. Il est conscience exacerbée du temps. Même celui qui ne prête pas attention à ses rêves perçoit ce bourdonnement permanent qui sourd des tréfonds, le bruissement du silence. Le rêve est une cinématique, c'est pourquoi il est si difficile de le décrire ; on le voit s'échapper aussitôt le rêveur éveillé, déjà reparti ailleurs. La difficulté à s'en souvenir est à la mesure de la prise de conscience de la mobilité du rêve. C'est pourquoi le rêve se décline en verbes, alors qu'on y cherche des personnages et des situations ; il se résume à des concepts alors qu'on voudrait y retrouver des récits.

Les hommes font souvent des rêves de voiture, car le rêve est machine en mouvement. Au point qu'il m'arrive de penser que l'automobile a été inventée pour ressembler au rêve.

> Séraphin rêve qu'il est au volant d'une auto, une Mercedes, blanche. La route défile, la voiture est rapide, les virages se succèdent. Près de lui, Amélie, sa fiancée. Soudain, il lui faut freiner. Il appuie sur la pédale de frein qui s'enfonce jusqu'au plancher. Il tente de contrôler la voiture. Mais si, en ligne droite, il est possible de maintenir le cap malgré la vitesse, le virage fait dangereusement tanguer la voiture. Il ne sait comment sortir de cette situation de danger. Il pense en rêve : se réveiller, peut-être ?

Cette séquence de rêve est fréquente. Elle scénarise des mouvements de la vie éveillée très communs. Nous nous sommes laissé embarquer dans une relation professionnelle, amicale, amoureuse. Nous ressentons qu'une dynamique propre à cette relation nous emmène plus loin qu'on ne l'avait imaginé. Car les relations sont animées de mouvements propres, autonomes. Lorsque deux personnes se retrouvent, elles repartent précisément de l'endroit où elles se trouvaient lors de leur précédente rencontre. C'est une règle liée aux images en mouvement. Regardez une vidéo, un film où figurent des personnes que vous connaissez. Vous parvenez à une séquence que vous avez déjà visionnée. Vous la reconnaissez immédiatement, et pressentez l'ennui que vous éprouverez à la revoir. Telles sont les relations entre les humains, mémorisant les acquis, les avancées vers plus de familiarité, les retraits, les fermetures à l'autre de certains pans de sa vie. Quelquefois, les relations échappent à tout contrôle, s'emballent dans leur logique propre. Nous ne savons comment interrompre leur progression. C'est alors que surviennent ces séquences qui associent les mouvements propres aux rêves aux devenirs des relations entre les personnes.

Il sent que sa fiancée, Amélie, a basculé. Désormais, il faut justifier le fait de ne pas se voir une soirée alors qu'auparavant il fallait réclamer cette rencontre. Ils ont insensiblement glissé jusqu'à cette règle implicite de permanence. Désormais, c'est ne pas être ensemble qu'il faut justifier. Et il n'est plus possible de retourner en arrière ; tout retrait serait perçu comme une trahison. Est-il possible d'arrêter ce mouvement ? Dans le rêve, Amélie est auprès de lui dans cette Mercedes blanche. Il se souvient que, la veille, elle était vêtue de blanc, précisément. Plus encore, la Mercedes, il la reconnaît, est un vieux modèle, une 190 SL. 19 ans, c'est précisément l'âge d'Amélie. Lui est âgé de 22 ans. « Bien trop jeune pour se marier ! » lui a dit son père.

À la suite d'Artémidore, Freud l'avait souligné, *les nombres, en rêve, sont souvent les décomptes de la vie.*

Cette séquence de rêve se trouve à mi-chemin, moitié mise en garde, moitié vision. Elle avertit le rêveur : « N'espère pas revenir en arrière ; tu ne peux plus arrêter le mouvement. » Elle lui annonce ce qui adviendra nécessairement : « Cette relation ne peut se terminer que par un mariage. » Mais il n'est pas certain que ce sera avec Amélie. Pour ce rêve, l'onirocrite devra se révéler négociateur levantin ou vizir antique cherchant à dire pour prendre date, évitant de se faire trop vite comprendre de peur de n'être pas entendu.

L'interprétation pourrait par exemple être formulée ainsi : « Vous épouserez une héritière très bientôt. Jelinek n'a-t-il pas nommé les voitures Daimler du nom de sa fille, Mercedes ? »

Une telle interprétation – qui n'est qu'un exemple puisqu'on aura compris qu'un rêve n'a pas de signification univoque – permet d'ouvrir sur le monde qui vient par la prédiction, tout en explicitant la dynamique de cette séquence, qui dévoile l'impossibilité d'interrompre une relation qui se déploie selon ses règles propres.

De quelques questions qui peuvent aider à pénétrer un rêve

Nous avons choisi de ne pas classer les rêves de manière statique, comme c'est souvent le cas dans les dictionnaires de rêves. Si les registres auxquels ils se réfèrent – les humains, les affects, les lieux, les objets, les causes, les animaux – peuvent paraître satisfaisants au premier abord, on constate vite leur inutilité. Le rêve est mouvement, interaction, son interprétation ne peut être que recherche de cet éclair qui bouleverse l'ordre auquel on pensait spontanément. Quelques questions peuvent néanmoins accompagner la quête de l'intuition.

« Qui ? » est la première. Elle s'applique évidemment au rêveur, nous l'avons souvent évoqué. Il faut connaître du rêveur tout ce qu'il est possible de connaître. Bien des témoignages d'anthropologues relatent que les chamans d'Amérique du Sud ne reculent pas devant l'utilisation d'espions qui vont s'informer auprès des membres de la famille du rêveur des événements marquants survenus récemment dans sa vie. Dans plusieurs langues indiennes, on appelle ces informateurs « rêveurs », précisément, tant il est vrai que le rêve ne saurait mentir. La question « Qui ? » concerne aussi les personnages qui apparaissent dans le rêve. On tient son intuition en bride en écoutant le récit du rêveur sur tout ce qui peut recevoir un nom, tout ce qui peut être « anthropomorphisé ». Le rêve est animisme par nature.

Une fois que l'on a exploré les identités des êtres – et cette exploration peut être menée de manière systématique –, on s'attache à la seconde question : « Pour qui ? » Pour qui ce rêve ? À qui est destiné le message éventuellement véhiculé ? Il faut garder à l'esprit que le rêveur n'est pas toujours concerné. Il peut être lui-même vecteur, dépositaire, ou même messager. Tels sont souvent les rêves où apparaissent les morts, comme s'ils étaient apparus pour charger la personne de transmettre une question, une information, une recommandation. Cette question est souvent la plus difficile, sachant combien le monde moderne a tendance à rabattre le rêve sur le rêveur, lui en attribuant la responsabilité et le désignant comme le seul bénéficiaire, à la fois émetteur et récepteur – ce qui, on le comprend, est pour le moins contradictoire.

La dernière question, « Quoi ? », se réfère aux objets mis en mouvement par le rêve. Il faut prêter la plus grande attention aux objets, aperçus, évoqués ou découlant du rêve. Le rêveur peut voir l'automobile, ou le volant, ou seulement entendre parler de l'automobile, ou la déduire à partir d'un nom apparaissant dans le rêve. Mais, plus encore, il s'agit de prendre garde aux objets qui apparaissent dans l'environnement du rêveur suite à son rêve. Cette séquence est très connue dans les contextes africains.

> « Dans mon rêve, j'ai vu mon père, mort depuis plus de dix ans. Il s'approchait de moi sans un mot et me tendait cette petite boîte de cuir. Le lendemain, alors que je partais pour la chasse, sur le chemin qui mène à la forêt, mon pied a heurté un objet qui a fait un bruit, comme un cri. J'ai fouillé dans les herbes et j'ai trouvé la boîte en cuir que voici. Depuis elle ne me quitte jamais. Le jour, je la porte dans ma poche, la nuit, elle est sous ma tête quand je m'endors. Je ne l'ai jamais ouverte, bien sûr. Lorsqu'on la secoue, elle fait un petit bruit. Il y a quelque chose à l'intérieur, peut-être un caillou, ou un coquillage, ou une pièce de monnaie. Je ne sais pas. Je sais seulement que mon père, au-delà de la mort, me l'a donnée à la naissance de mon premier garçon pour me protéger. »

Dans ce cas, le plus simple, l'objet trouvé le lendemain est identique à celui aperçu en rêve : la boîte de cuir. Mais, très souvent, l'objet doit être reconstitué. Dans un livre publié en 1994, *L'influence qui guérit*, j'ai rapporté le récit d'une guérisseuse réunionnaise qui avait vu en rêve une certaine plante qui poussait sur la haie de son jardin. En vérité, elle avait seulement vu la haie. Mais comme, dans le même temps, elle soignait l'une de ses voisines qui avait de violentes douleurs au ventre, elle en a déduit qu'on lui indiquait en rêve la plante qu'il lui faudrait utiliser pour le traitement. Elle est donc partie chercher dans la haie l'objet qui lui avait été indiqué en rêve jusqu'à identifier la plante. Ce rêve rejoint ceux survenant durant l'incubation, dans le temple d'une divinité ou d'un saint dont on attend une réponse et très souvent un traitement. Mais, habituellement, les objets sont découverts par l'interprétation. Ainsi sont les rêves où figurent explicitement des objets tels que ceux offerts par les morts. Déjà Chélomo Almoli avait noté que recevoir en rêve quelque objet d'un mort est l'annonce d'un gain, selon la logique : tout ce qu'il est possible d'acquérir se trouve dans ce monde-ci, la chance ne peut donc provenir que d'un autre monde. Mais là où se révèle l'habileté de l'interprète, c'est lorsqu'il n'est pas explicitement fait mention de l'objet dans le rêve qui est tapi dans un recoin ou dans un pli. Ce sont des interprétations du type : « Le rêve indique que vous devriez tomber sur un livre en fouillant dans l'étalage d'une librairie. C'est dans ce livre que vous trouverez la réponse à vos questions concernant votre divorce. »

Le destin est ce qui me caractérise en propre. *L'interprétation des rêves est la pratique d'une philosophie de la prédiction.* Elle ne peut être qu'une mise au travail de la question « pourquoi moi ? » et de ses corollaires « pourquoi aujourd'hui ? », « pourquoi avec lui ? »… Elle se situe sur la ligne séparant le regard et l'action, faisant éclater les distinctions mimant l'objectivité scientifique. L'interprétation des rêves construit ce qu'elle décrit et participe à ce qu'elle observe. L'interprétation des rêves est un modèle de relation sociale responsable.

CHAPITRE 9

Vade-mecum

Usager des rêves, mon frère, toi qui n'as pas renoncé à comprendre, toi qui penses utiliser la force de l'envers pour enrichir ton destin, je te confie ici, sous forme condensée, quelques formules qui pourront t'accompagner le jour comme la nuit.

La première question que tu dois te poser est celle de ton rêve. Est-ce que tu rêves ? Régulièrement, toutes les nuits ? As-tu conscience de ce mouvement qui bruisse dans les tréfonds de ton être ? Le rêve est comme la sexualité, une présence permanente qui vient indéfiniment nous rappeler nos attaches instinctuelles.

Le rêve est un bonheur et une chance. Il est vrai que tout le monde rêve, et probablement quatre ou cinq fois par nuit. Mais un rêve qui s'évanouit est comme un fruit qu'on n'a pas cueilli.

Issu de ton sommeil le plus profond, le rêve te spécifie – nul autre que toi ne pourrait le faire à ta place, nul ne peut le connaître si tu ne le lui racontes. Il est avant tout machinerie instinctive faisant en sorte que, demain, ce soit la même personne qu'aujourd'hui. Le rêve travaille toutes les nuits, infatigablement, à la sauvegarde du soi.

Pourtant le rêve est une place publique, l'espace où tu peux rencontrer des êtres à l'étrangeté radicale avec lesquels échanger. Toi qui crois à dieu ou à diable, tu peux les croiser là, et toi qui n'y crois pas, tu peux dialoguer avec ton noyau biologique, autrement dit : ton créateur. Le rêve est un rendez-vous quotidien avec tes véritables propriétaires. Tu y retrouveras aussi tes morts.

Un rêve se cueille au réveil, avant que la première goutte d'eau n'ait touché les lèvres du dormeur. En l'absence d'un cueilleur de rêve, tu peux simplement poser un carnet et un crayon au chevet de ton lit. Le rêve a besoin du regard d'un autre ; le noter est une promesse de récit. Sinon, il se diluera au fur et à mesure de la journée dans les actes de ta vie. Car le rêve est une dette contractée sur l'existence.

Il est bien des raisons de te soucier de ton rêve. Le rêve te permet de fracturer la banalité, de transformer ton point de vue, de modifier la pensée que tu avais de toi-même et des autres, car il initie une transmutation de ton univers. Quiconque se soucie d'être lui-même, d'avoir une pensée propre, d'éviter de répéter les slogans de la propagande et de la publicité, trouvera ses ressources dans son rêve.

Le rêve te permet aussi de recevoir les messages qui ne sont pas dans le monde, qui échappent à la platitude du quotidien. Que penser de quelqu'un qui refuserait d'ouvrir son courrier ? Rappelle-toi la phrase du talmudiste : « Un rêve qui n'est pas interprété est comme une lettre qui n'a pas été lue. »

Et ton rêve peut aussi se révéler utile, notamment dans les moments de grande difficulté qu'il arrive à chacun de traverser. Il peut te mettre en garde contre les dangers auxquels tu n'as pas prêté attention dans la vie éveillée. Tel est souvent le cauchemar, qui n'est pas une erreur née de la frayeur, mais une perception des parties cachées de l'agression.

Cependant, pour qu'il accomplisse son office, un rêve doit être interprété. L'interprétation est inscrite en creux dans le corps même du rêve. Mais prends garde, aucun rêve ne peut être interprété par le rêveur ; il ne parviendrait alors qu'à produire un nouveau rêve, qui appellera encore plus un interprète.

L'interprétation est cette part du rêve qui lui permet d'advenir dans le monde. L'interprétation est toujours un décret d'existence. Un interprète de rêves est donc un accoucheur de lendemains. Sois exigeant ! Ne raconte pas ton rêve à un inconnu ; ne laisse pas quelqu'un dont tu ignores les intentions énoncer des vérités sur toi à partir de ton rêve. Car le rêve se réalisera à partir de la parole de l'interprète. Rappelle-toi qu'il n'existe pas de signification au rêve, rien que des interprétations ! Je le répète afin que tu l'inscrives en lettres de feu sur les murs de tes nuits : tel est celui à qui tu le raconteras, tel se réalisera ton rêve.

Méfie-toi de ceux qui prêchent, les religieux, les adeptes, les militants, leur interprétation te contraint, et sa réalisation te soumet. Pose-toi cette question : as-tu de véritables raisons de t'incliner devant leur dieu, de servir leur corporation, d'assurer leur promotion ?

Il est un signe qui ne saurait tromper. L'interprétation est toujours une prédiction. Dans un même mouvement, elle décrit et tisse un destin. Elle s'élance toujours vers l'avenir, le dessine et le crée. L'explication n'est pas une interprétation, elle rumine des causes. Si elle se présente comme une mémoire, fuis-la ! Elle asservit ta liberté. Elle t'enrôle au service de forces que tu ignores. L'interprétation qui annonce l'avenir, courage de l'interprète, est la liberté préservée du rêveur.

Références

Chapitre 1

SUR LES RÊVES DANS D'AUTRES SOCIÉTÉS

Roger Caillois (1913-1978), poète, sociologue et critique littéraire, passionné de mythologie et libre de sa pensée, s'est associé à l'historien et islamologue autrichien Gustave Edmund von Grunebaum (1909-1972), pour donner ce livre irremplaçable, *Le Rêve et les Sociétés humaines,* qui fournit un panorama des différents usages du rêve dans quelques organisations sociales, telles celles de la Grèce antique, du Proche-Orient ancien, du Maghreb contemporain, des anciennes sociétés indiennes d'Amérique du Nord… Le texte d'introduction de Roger Caillois, « Prestiges et problèmes du rêve », constitue un magistral exposé des questions essentielles posées par l'interprétation des rêves (Roger Caillois et Gustave von Grunebaum, *Le Rêve et les Sociétés humaines,* Paris, Gallimard, 1967).

SUR L'ANTIQUITÉ GRECQUE

Artémidore de Daldis (IIe siècle après J.-C.), comme il se présente lui-même dans son interprétation des rêves (alors qu'il est souvent évoqué ailleurs comme Artémidore d'Éphèse), est l'auteur d'une « clé des songes » si parfaite que sa forme est restée comme le modèle d'innombrables autres publiées par la suite, tant en Europe qu'au Maghreb, au Moyen-Orient et plus tard aux États-Unis. Sigmund Freud a évidemment lu et relu le traité d'Artémidore ; on le ressent tout le long de *L'Interprétation des rêves* (1899) qui en est, pour certains passages, presque une copie. Freud emprunte en effet à Artémidore bon nombre de ses équivalences symboliques. Mais il s'est glissé une aporie dans la légende freudienne. Ses biographes – E. Jones en premier – ont prétendu que la version de *La Clé des songes* d'Artémidore que lisait Freud était tronquée, qu'il y manquait les cinq pages du chapitre 79 intitulé « Du rêve d'Œdipe » – pages où l'onirocrite antique parcourt les différentes façons dont un fils peut s'accoupler avec sa mère et l'interprétation qu'il convient de donner à ce type de rêves. Est-il possible que Freud ait ignoré l'existence de ce chapitre, lui qui a été formé à la philologie grecque par Theodor Gomperz ? La phrase célèbre de Jocaste dans la scène 6 de l'*Œdipe-Roi* de Sophocle (« car, dans leurs songes, beaucoup d'hommes ont rêvé qu'ils s'unissaient à leur mère ») n'a de sens que pour un Grec de l'Antiquité, un Grec dont la culture est venue s'imprimer dans le traité d'interprétation des rêves d'Artémidore. L'interprétation universaliste de cette phrase est un pur malentendu. Il n'était certes pas rare qu'un Grec rêve de relation sexuelle avec sa mère car cette séquence était culturellement codifiée. Ces rêves sont en revanche très rares dans les sociétés sémitiques et quasi absents dans nos sociétés postmodernes, comme peuvent en attester tous les cliniciens.

Michel Foucault, dans son *Histoire de la sexualité*, ne s'y est pas trompé, qui considère Artémidore comme une sorte de sociologue de la sexualité avant la lettre, une manière de témoin de la sexualité quotidienne des Grecs, certainement pas un moraliste. (Artémidore de Daldis, *La Clef des songes* (*Onirocriticon*), traduit en français et annoté par A.-J. Festugière, Paris, Vrin, 1975 ; Sigmund Freud, *L'Interprétation des rêves* (1899) ; Michel Foucault, *Histoire de la sexualité*, tome 1 : *La Volonté de savoir*, Paris, Gallimard, 1994 ; Jacques Le Rider, « Philologie grecque et formation de la théorie psychanalytique : Sigmund Freud et Theodor Gomperz », *Essaim*, 1/2001 (n° 7), p. 203-217).

SUR L'INCUBATION

Au sujet de l'incubation, c'est-à-dire, je le rappelle, le fait de dormir dans le temple d'une divinité pour obtenir d'elle un message en rêve, notamment dans la Grèce antique, il est indispensable de prendre connaissance du fameux journal des rêves d'Aelius Aristide (Aelius Aristide, *Discours sacrés*, traduit par A.-J. Festugière, avec une préface de Jacques Le Goff, Macula, 1986).

Aelius Aristide naquit au début du IIe siècle après J.-C. en Asie Mineure. Il poursuivit des études en Grèce, à Athènes, auprès des meilleurs maîtres en rhétorique de l'époque. À 26 ans, il rejoignit Rome, la capitale de l'empire. Il contracta durant ce voyage une maladie qui ne le quitta plus durant des décennies. Pour se soigner, il fréquenta régulièrement le sanctuaire d'Asclépios (Esculape) à Épidaure où il poursuivit des cures sans relâche. Ses maladies, par le biais de l'incubation, l'initièrent tant aux diagnostics qu'aux remèdes ; mais c'est le dieu de la médecine lui-même qui fut son maître. Durant ses séjours au temple, le dieu lui apparut en rêve, lui révélant la nature de son mal et lui prescrivant des remèdes.

On trouvera également des informations précieuses dans l'article de Carl Alfred Meier publié dans *Le Rêve et les Sociétés humaines* de Caillois et von Grunebaum, « Le rêve et l'incubation dans l'ancienne Grèce ». Ce thème de réflexion est loin d'être tari puisqu'un article récent reprend la discussion (Pierre Sineux, « Les récits de rêve dans les sanctuaires guérisseurs du monde grec : des textes sous contrôle », *Sociétés et représentations,* 2007/1, n° 23. L'auteur part de l'analyse du texte des stèles d'Épidaure et d'autres inscriptions découvertes à Rome et en Crète, à la fois remerciements, ex-voto et témoignages de l'action du dieu Esculape, du sein même du rêve).

Enfin, pour des données anthropologiques sur l'incubation dans le Maroc moderne, on pourra par exemple consulter Émile Dermenghem, *Le Culte des saints dans l'islam maghrébin*, Paris, Gallimard, 1982.

LES SOURCES ARABES ET JUIVES DU MOYEN ÂGE

Pour ce qui concerne les sources arabes et juives, deux ouvrages de référence : Muhammad Ibn Sîrîn, *Le Grand Livre de l'interprétation des rêves*, Beyrouth, Éditions Al-Bouraq, 1993 ; Chélomo Almoli, *La Clef des rêves*, Jérusalem, Éditions Salomon, 2001.

NEUROSCIENCES

Et enfin pour ce qui concerne les neurosciences, tant la neurophysiologie que les sciences cognitives, on pourra se reporter à un ouvrage facile d'accès et parfaitement documenté : Michel Jouvet, *Le Sommeil et les Rêves*, Odile Jacob, 1992 ; et, pour une mise à jour de ces données et une mise en perspective, la somme de Claude Debru, *Neurophilosophie du rêve*, Paris, Hermann, 2005.

Chapitres 2 et 3

Pour les remarques liminaires sur la pensée d'Aristote, on pourra se référer au petit livre d'Aristote, traduit, présenté et annoté par Jackie Pigeaud, *La Vérité des songes. De la divination dans le sommeil*, Paris, Rivages Poche, 1995, et aussi, du même Aristote, traduit et présenté par le même Jackie Pigeaud, *L'Homme de génie et la Mélancolie,* Paris, Rivages Poche, 1991.

RÊVE ET CAUCHEMAR

Dans le chapitre 3, j'ai davantage parlé du cauchemar que du rêve ; c'est qu'il s'agissait de parcourir des considérations générales, et le cauchemar s'y prête mieux que le rêve. Le cauchemar possède en effet de manière saillante deux caractéristiques qui définissent au mieux le rêve en général : la paralysie du corps et la turgescence des organes sexuels. En cela il est une quintessence de rêve.

Le rêve survient alors que le cerveau est aussi éveillé qu'au cours de l'activité diurne, pendant que la motricité, c'est-à-dire la capacité à se mouvoir, est totalement absente. C'est cette conjonction entre une quasi-paralysie motrice et un éveil maximal du fonctionnement cortical qui a incité les neurophysiologistes à désigner cet état comme un « sommeil paradoxal ». Le paradoxe provient du fait que sommeil, il l'est totalement puisque les perceptions et les mouvements sont impossibles ; mais aussi – et simultanément ! – totalement éveil quant au fonctionnement mental.

La paralysie du dormeur n'est pas totale cependant puisque, durant le sommeil paradoxal, les yeux du dormeur sont périodiquement animés d'un mouvement rapide de va-et-vient comme s'il suivait un match de tennis. Ce constat, très facile à faire – il suffit d'observer un dormeur ! –, a été noté par les auteurs de l'Antiquité. C'est sans doute la raison pour laquelle il est resté dans les langues dont nous avons hérité puisque l'on continue à dire que l'on « voit » un rêve.

Plus inattendu, mais néanmoins tout aussi facile à observer, du moins chez l'homme, le sommeil paradoxal s'accompagne d'érections périodiques. Paralysie du corps, érection du pénis, on comprend qu'il est ici une situation que l'on pourrait parfaitement représenter par ces récits de « viol » d'un jeune homme endormi par la sphinge qui vient le saisir en son sommeil pour s'emparer de son sperme.

En un mot, ces deux mobilisations corporelles que les neurophysiologistes modernes considèrent comme la définition même du sommeil paradoxal – et donc du rêve –, les onirocrites de la Grèce antique y voyaient la quintessence du cauchemar.

À ce sujet, on pourra lire avec profit le petit ouvrage de Françoise Parot, *L'homme qui rêve,* Paris, PUF, 1995, et pour les références mythologiques, le livre déjà ancien d'Ernest Jones, 1931, *Le Cauchemar*, réédité à Paris, Payot-Rivages, 2002, qui contient une masse d'observations sur la perception du cauchemar dans les traditions de l'Europe du Nord. Pour une compréhension fine de certains personnages mythologiques féminins de la Grèce antique, voir le troisième chapitre de mon *Psychanalyse païenne*, Paris, Odile Jacob, 2000.

Pour ce qui concerne les cauchemars politiques, les témoignages sont évidemment très nombreux. Cependant, le texte historique de Charlotte Beradt, *Rêver sous le troisième Reich,* qui a été publié pour la première fois en 1961, à New York, a gardé une force incomparable. Il est disponible en traduction française, Paris, Payot, 2004.

LES ÊTRES DU CAUCHEMAR

Pour ce qui est des êtres du cauchemar, sphinge, strige, incube, *aboughtass*, etc., je demande au lecteur quelque patience. Comme il a pu le constater au long du chapitre 4, j'ai considéré avec sérieux les propositions des auteurs anciens et les recommandations pratiques de la tradition. Je ne partage pas, il est vrai, l'attitude de la majorité de mes collègues psychanalystes, universitaires et chercheurs, qui considèrent ces pensées et ces pratiques anciennes comme des résurgences d'un temps de superstition et d'ignorance. D'une part, comme je l'ai déjà noté, ces théories et ces pratiques ont non seulement perduré, mais elles se sont étendues, standardisées et gagnent chaque jour de nouveaux adeptes. Quant à moi, je suis persuadé qu'elles renferment des richesses indispensables à qui se soucie de l'interprétation des rêves, mais que, tel un minerai, on ne le trouve jamais à l'état pur ; il s'agit de l'extraire de sa gangue. C'est pourquoi il convient de ne pas juger *a priori*, de ne pas réagir impulsivement devant de telles conceptions soit par une adhésion naïve, soit par un rejet de principe. Il est un fait que la très grande majorité des sociétés connues ont ainsi identifié des êtres, des non-humains, réputés se glisser dans les interstices cachés de la vie des humains et tout particulièrement dans leurs rêves.

La position que j'ai adoptée ici est de ne pas me soucier de la réalité de leur existence, plutôt de faire porter mes questions sur la manière d'entrer en relation avec eux et surtout sur les façons d'agir sur eux. Pour qui veut se familiariser avec les logiques d'existence des êtres du Maghreb, je conseillerai la merveilleuse monographie de E. Doutté, écrite en 1908, *Magie et religion dans l'Afrique du Nord*. Cet ouvrage a été réédité en 1984 chez Maisonneuve et Geuthner, et donc aujourd'hui disponible. Plus récent, mais plus orienté vers la tradition musulmane religieuse, le livre de Pierre Lory, *Le Rêve et ses interprétations en islam*, à Paris, chez Albin Michel en 2003. Quant à celui qui serait plutôt attiré par les êtres de cauchemar de l'Occident chrétien, je le renverrai à la lecture de l'impressionnant *Marteau des sorcières* de Henry Institoris et Jacques Sprenger que j'ai évoqué plus haut, disponible aussi en français, réédité en 2009 chez Jérôme Millon. Il va de soi qu'il existe bien d'autres êtres du cauchemar, en Amérique, en Australie, en Chine, tant il est vrai que chaque culture possède les siens. Je les mentionnerai également, mais en France nous rencontrons plutôt ceux de la grande aire culturelle africaine.

Pour une introduction aux manières de faire avec les êtres, le lecteur pourra également consulter mon petit ouvrage intitulé *Du commerce avec les diables,* Paris, Seuil, Les empêcheurs de penser en rond, 2004.

L'ÉTAT DE STRESS POST-TRAUMATIQUE

Pour ce qui concerne l'état de stress post-traumatique en général, et plus particulièrement les cauchemars qui l'accompagnent, la référence obligatoire est le manuel élaboré par l'Association américaine de psychiatrie – manuel publié sous le titre : *DSM-IV-TR, Manuel diagnostique et statistique des troubles mentaux,* texte révisé, Paris, Masson, 2003.

Pour un exemple, particulièrement démonstratif, de la prégnance des cauchemars post-traumatiques et des plus grandes difficultés à s'en défaire, voir le classique Ka-Tzetnik 135633, 1987, *Les Visions d'un rescapé ou le Syndrome d'Auschwitz,* Paris, Hachette, 1990.

Chapitre 4

PSYCHANALYSE FREUDIENNE

Pendant très longtemps, on a pensé les psychanalystes spécialistes du rêve... Il est vrai que Freud lui-même considérait *L'Interprétation des rêves* comme son ouvrage princeps, celui qui avait ouvert la voie à la découverte de l'inconscient. On ne s'est pas suffisamment étonné que

Freud, après son premier traité, ne soit plus jamais revenu sur les principes généraux définis en 1899[1], et cela jusqu'à la fin de sa vie. Par ailleurs, aucun psychanalyste n'a contribué par des propositions véritablement nouvelles aux postulats techniques originaires définissant les méthodes de l'interprétation du rêve. Les premiers psychanalystes se sont contentés de produire des paraphrases freudiennes[2]. Découvertes dans une sorte d'intuition fulgurante, les règles d'associations libres, la notion de « restes diurnes » et « de contenu latent », tout cela est resté tel quel, comme parole révélée. Après la Seconde Guerre mondiale, quelques ouvrages, surtout d'origine américaine, ont tenté de reprendre la question, sans doute en référence à la production artificielle de rêves pour des motifs thérapeutiques, par exemple l'utilisation des barbituriques (penthotal) pour soigner les névroses de guerre[3]. Dans les années 1970, devant les

1. À part un résumé qu'il en a donné en 1905 : *Le Rêve et son interprétation,* traduit de l'allemand par Hélène Legros, Paris, Gallimard, 1932, 15e édition (trad. de : *Über den Traum*). Voir aussi « Le maniement de l'interprétation des rêves en psychanalyse », *in La Technique psychanalytique*, Paris, Presses universitaires de France, 1992, 10e édition ; et « Complément métapsychologique à la théorie du rêve », *in Métapsychologie*, traduction de l'allemand, revue et corrigée, par Jean Laplanche et J.-B. Pontalis, Paris, Gallimard, 1990 (coll. « Folio Essais »). Et c'est à peu près tout. La référence principale restant, bien sûr, Sigmund Freud, 1899, *L'Interprétation des rêves*, Paris, PUF, 1967.

2. Karl Abraham, « Rêves et mythes », 1913 ; Sandor Ferenczi, « Interprétation scientifique des rêves », 1909, et le même phénomène s'est reproduit quelque temps plus tard en France : R. Laforgue, E. Pichon, R. de Saussure et R. Allendy, *Le Rêve et la Psychanalyse*, Paris, Maloine, 1926 ; René Allendy, *Les Rêves et leur Interprétation psychanalytique*, Paris, Alcan, 1926.

3. Par exemple : Ella F. Sharpe, *Dream Analysis : A Practical Handbook for Psycho-Analysts*, Londres, Hogarth Press, 1949 ; G. Devereux (éd.), *Psychoanalysis and the Occult*, New York, International Universities Press, 1953 ; Angel Garma, *La Psychanalyse des rêves*, Paris, PUF, 1954.

découvertes radicales de la neurophysiologie du rêve, la psychanalyse s'est vue remise en question quant à l'un de ses fondements. Il était indubitable que Freud ignorait l'existence du sommeil paradoxal. De ce fait, sa théorie du rêve admettait la prémisse, partagée par tous les chercheurs de son temps et même jusqu'à la moitié du XXe siècle, que le rêve survenait durant un sommeil « léger », plus proche du réveil que le sommeil profond. Or la découverte du sommeil paradoxal est venue bouleverser ces conceptions qui semblaient raisonnables. Le rêve est un éveil total du « cérébral » en état de sommeil profond.

Une série d'articles psychanalytiques est néanmoins apparue, comme pour « sauver les meubles[1] », pour tenter de laisser croire que, malgré tout, l'édifice tenait bon. Mais il s'agissait de discussions sur la nature du rêve, et non pas sur son interprétation. Depuis lors, ces trente dernières années, un lourd silence s'est installé au sujet de l'interprétation psychanalytique des rêves qui, pourtant, avait entre-temps largement diffusé dans le grand public. Aujourd'hui, la plupart des chercheurs qui parlent du rêve sont plutôt des neurophysiologistes qui ont, de fait, exclu de leur champ de recherche la question de l'interprétation

---

1. André Bourguignon a écrit un long rapport, *Neurophysiologie du rêve et théorie psychanalytique*, Paris, PUF, *La Psychiatrie de l'enfant*, vol. XI, fasc. 1-1968, p. 1-69. Puis un numéro de la *Nouvelle revue de psychanalyse*, n° 5, printemps 1972, a été consacré à cette question : *L'Espace du rêve*, Paris, Gallimard, avec, notamment, des articles originaux d'Otto Isakower (sur les phénomènes hypnagogiques), de Bertram D. Lewin (sur l'écran du rêve) et d'André Bourguignon sur la compatibilité entre la neurophysiologie et la psychanalyse. *La Revue française de psychanalyse* a suivi aussitôt après : *Revue française de psychanalyse*, 5-6, septembre à décembre 1974 : *Le Rêve*, 34e congrès des psychanalystes de langues romanes.

du rêve[1]. Cette question reste donc intacte, à peine entamée par la psychanalyse qui, on l'a vu, s'en est vite détournée, au moins pour ce qui concerne la psychanalyse freudienne. Elle n'est pas davantage traitée par les recherches modernes en laboratoire (neuro- et psychophysiologie). L'interprétation des rêves s'est donc retrouvée à nouveau abandonnée aux charlatans, en un temps où le « culte au quiconque », l'uniformisation de la pensée, exacerbe l'appel aux significations.

Freud prétendait que sa théorie du rêve était sa découverte la mieux établie. Mais, aujourd'hui, nul ne peut plus parler du rêve sans se référer aux développements de la neurophysiologie. Nous avons appris que, à condition d'admettre que rêve et sommeil paradoxal étaient superposables, le rêve était l'une des rares activités humaines presque exclusivement instinctives (avec quelques autres fonctions primaires telles que le sommeil ou la respiration). *In utero*, le fœtus traverse de longs moments de « sommeil agité », très semblable au « sommeil paradoxal ». Tous les mammifères « rêvent », ainsi que les oiseaux bien que dans une moindre mesure, et même, sans doute, certains reptiles. S'il est vrai, comme le prétend la psychanalyse, que le rêve est l'expression déguisée d'un désir refoulé, on peut se demander quels sont les désirs refoulés qui peuplent à ce point les rêves du fœtus – voire ceux d'un gnou ou peut-être d'un crocodile. S'il est vrai, comme l'a établi la neurophysiologie, que le rêve est une fatalité physiologique, il ne peut en aucune manière être la réalisation (hallucinatoire) du désir (refoulé) d'un individu singulier. À la lumière des découvertes des neurophysiologistes, il

1. Mis à part quelques exceptions remarquables chez les cognitivistes, tel Jacques Montangero.

faudrait inverser la proposition freudienne : le rêve ne peut pas être le lieu d'expression des pulsions refoulées, *puisque le rêve est lui-même pulsion.* Si on « refoule » cette pulsion à rêver, comme on le réalise en laboratoire sur des animaux, des chats ou des rats, ou comme chez des humains que l'administration de psychotropes, certains antidépresseurs, notamment, a privés de sommeil paradoxal, et donc de rêve, on assiste à un « rebond » de cette pulsion lorsqu'elle peut à nouveau s'exprimer – c'est-à-dire à l'allongement considérable de la période de rêve.

Pour compléter l'information sur l'interprétation psychanalytique du rêve et sur sa critique, il faut lire le chapitre que Gilles Deleuze et Félix Guattari ont consacré à l'interprétation par Freud du rêve de « l'homme aux loups » dans *Mille plateaux* (« un seul ou plusieurs loups ? »), Paris, Minuit, 1980.

CRÉATIVITÉ DU RÊVE

Et, pour réfléchir aux capacités créatrices du rêve, l'article déjà cité de Jacques Montangero : « Rêve et résolution de problèmes », *Le lezzioni italiane di Jacques Montangero*, Tirrenia Stampatori, 1996 ; et son livre faisant le point sur la théorie du rêve qu'il a développée : Jacques Montangero, *Comprendre ses rêves pour mieux se connaître*, Paris, Odile Jacob, 2007.

Pour l'utilisation systématique des rêves dans la création littéraire, on pourra consulter mon petit article : « A. E Van Vogt : l'identité en péril », *in* Marcel Thaon et coll., *Psychanalyse et science-fiction*, Paris, Dunod, 1986, p. 180-193.

Chapitre 5

En ce qui concerne la divination par le *Fa,* le livre de référence, passionnant dans sa complexité, mais qui est aussi un document historique, est l'ouvrage de B. Maupoil, écrit en 1943 : *La Géomancie à l'ancienne côte des Esclaves,* nouvelle édition, Paris, Institut d'ethnologie, 1988. Ce livre est tellement fidèle dans la description des procédures qu'aujourd'hui les Béninois eux-mêmes s'y réfèrent comme à un texte de liturgie traditionnelle.

Les références aux corpus traditionnels se retrouvent en grand nombre dans le livre de Caillois et von Grunebaum, déjà cité, *Le Rêve et les Sociétés humaines.*

En ce qui concerne les rêves d'Œdipe et leur interprétation, outre l'indispensable *Clef des songes* d'Artémidore, on trouvera des références très détaillées dans le beau livre de Marie Delcourt, 1944, *Œdipe ou la Légende du conquérant*, Paris, Les Belles Lettres, 1981. Et l'on n'oubliera pas les sages recommandations de Jean-Pierre Vernant, qui fut le premier en France à rappeler que, pour les Grecs, Œdipe n'était certainement pas œdipien : « Œdipe sans complexe » de Jean-Pierre Vernant (*Raison présente*, n° 4, août, septembre, octobre 1967).

Quant à mes remarques liminaires sur le chamanisme, leur inspiration se trouve dans l'article de Georges Devereux, « Les rêves pathogènes dans les sociétés non occidentales », *in* R. Caillois et G. von Grunebaum, cité plus haut. Pour des analyses plus fouillées du même Georges Devereux sur le chamanisme chez les Mohaves, on pourra se référer à son œuvre maîtresse, qui est une refonte de l'ensemble de ses travaux sur les Indiens mohaves : *Ethnopsychiatrie mohave*, Paris, Les Empêcheurs de penser en rond, 1996.

Geza Róheim, quant à lui, est souvent revenu sur le « temps du rêve » des aborigènes d'Australie, par exemple dans *Héros phalliques et symboles maternels dans la mythologie australienne*, Paris, Gallimard, 1970. Voir aussi son étude approfondie sur le rêve dont certains thèmes frôlent ceux que j'aborde ici, accessible dans une réédition récente : Geza Róheim, *Les Portes du rêve*, Paris, Payot, 2000.

De manière générale, sur le chamanisme et sur la distinction entre « descendant » et « ascendant », on trouvera les premières références dans Luc de Heusch et son célèbre texte de 1971 : « Possession et chamanisme », *in Pourquoi l'épouser ? et autres essais*, Paris, Gallimard.

Sur la véritable passion des Indiens d'Amérique pour le rêve, on se reportera à la belle monographie anthropologique de Michel Perrin sur les Indiens guajiros (Colombie et Venezuela), *Les Praticiens du rêve* : *un exemple de chamanisme*, Paris, PUF, 2001.

Il faut savoir que le chamanisme fait systématiquement appel à l'utilisation de substances psychédéliques. Il est même possible d'affirmer que l'origine des psychotropes – notamment des hallucinogènes – se trouve dans le chamanisme, toujours marqué par une perpétuelle quête de substances psychoactives. Le chaman absorbe les substances en grande quantité, mais aussi, quoique en moins grande quantité, le malade qu'il soigne ainsi que le groupe qui assiste toujours aux rituels. Citons en vrac, et sans souci d'être exhaustif : le jus de tabac absorbé par les chamans waraos ou guajiros du Venezuela, pour rendre hommage aux esprits, pour agir sur la maladie ainsi que pour avoir des visions les renseignant sur les phénomènes occultes ; le yagé (*Banisteriopsis caapi*), utilisé par les Indiens tukanos de Colombie pour déclencher des hallucinations et des épisodes frénétiques ; le cactus san pedro (*Trichocerus pachanoi*) que les guérisseurs péruviens (*curanderos*) associent à d'autres substances (tabac, datura) pour « voir » l'origine de l'ensorcellement ou de la magie d'amour responsable des symptômes du patient ; un autre cactus, le peyotl (*Lophuphora wiliamsii*), est honoré comme un dieu par les Indiens huichols du Mexique. Ils se l'incorporent pour « voir » le mal, acquérir une puissance surnaturelle, ainsi que le don d'équilibre indispensable à l'exercice thérapeutique ; le datura, hallucinogène très puissant, est utilisé par les Jivaros, ainsi que par bien d'autres Indiens sud-américains pour entrer en relation avec leur double et acquérir la force d'affronter les esprits maléfiques, etc. Pour toutes ces références, on pourra consulter la somme rassemblée par P. T. Furst, *La Chair des dieux. Usage rituel des substances psychédéliques*, Paris, Seuil, 1974.

Enfin, pour une description détaillée des consultations d'ethnopsychiatrie, de leurs enjeux et de leurs méthodes, voir Tobie Nathan, *Nous ne sommes pas seuls au monde*, Paris, Seuil, 2007, et pour les spécificités de la traduction durant ces consultations, Sybille de Pury, *Comment on dit dans ta langue ? Pratiques ethnopsychiatriques*, Paris, Les Empêcheurs de penser en rond, 2005.

Chapitre 6

Les trois textes des onirocrites anciens, Artémidore de Daldis, Muhammad Ibn Sîrîn et Chélomo Almoli, sont ceux qui ont été recensés dans les chapitres précédents. Je n'en ai livré ici qu'un petit aperçu. Leur lecture répétée sera d'un grand secours à qui veut s'aventurer dans la compréhension de l'interprétation des rêves.

Le texte de Freud est cité dans sa version de 1967, déjà ancienne, qui est la première traduction d'Ignace Meyerson, révisée par Denise Berger. Je sais qu'il existe des versions plus récentes qui cherchent à être plus proches du texte allemand, mais elles ont tellement perdu la fluidité du texte qu'elles en deviennent ennuyeuses à lire – ce qui est un comble pour un auteur aussi inspiré que l'était Freud. À lire, donc, Sigmund Freud, *L'Interprétation des rêves,* Paris, PUF, 1967. À ce sujet, on pourra également consulter le récent pamphlet de Renaud Pommier, *Sigmund est fou et Freud a tout faux. Remarques sur la théorie freudienne du rêve*, Éditions de Fallois, 2008, qui commente lui aussi, parmi bien d'autres, le rêve du chapeau de paille de la patiente agoraphobe.

Le texte de la Genèse est cité dans la version bilingue des éditions Ness, avec les commentaires de Rachi, Paris, 2000.

Chapitre 7

NEUROPHYSIOLOGIE

Pour les réflexions modernes sur la nature du rêve, je ne peux que renvoyer une nouvelle fois à l'œuvre de Michel Jouvet, et plus particulièrement *Le Sommeil et les Rêves.* Pour illustrer mes remarques au sujet de la démarche de William Dement, on pourra se référer à son ouvrage écrit avec Christopher Vaughan et paru en français en 2000 : *Avoir un bon sommeil*, Paris, Odile Jacob, où il relate le début de ses recherches et la façon dont il a opéré ses choix méthodologiques. Les principales hypothèses de William Dement se trouvent exposées de manière simple dans son ouvrage *Dormir, rêver*, publié en français au Seuil en 1996. Et pour réfléchir sur les conséquences de ces découvertes, la somme irremplaçable de Claude Debru, *Neurophilosophie du rêve*, Hermann, 2005.

TALMUD

Comme je l'ai mentionné plus haut, un livre entier du Talmud est consacré aux rêves et à leur interprétation. Il s'agit de Talmud Bavli, traité Berakhot, de 50 à 60. Il est évidemment difficile d'y pénétrer sans préparation et surtout seulement en traduction. Il sera bon d'accompagner une telle lecture par les commentaires de toutes sortes, à la fois religieux, psychologiques et politiques. Je donne ci-dessous, seulement pour mémoire, quelques textes disponibles en français :

Philippe Bornet, « Tous les rêves vont d'après la bouche. Sur la portée de l'interprétation des rêves dans le judaïsme rabbinique », *in* M. Burger, *Rêves, visions révélatrices*, colloque, Lausanne 7-8 décembre 2000, Berne, Peter Lang, « Studia Religiosa Helvetica », 7, 2003, p. 275-293.

Danielle Storper-Perez, Henri Cohen-Solal, « "Tout songe non interprété est comme une lettre non lue". Approche anthropologique et psychanalytique de l'interprétation des rêves dans le traité Berakhot du Talmud de Babylone », *in* Florence Heymann, Danielle Storper-Perez, *Le Corps du texte. Pour une anthropologie des textes de la tradition juive*, Paris, CNRS Éditions, 1997, p. 225-255.

Sophie Jama, « L'interprétation des rêves dans le Talmud : une parole agissante », *in* Christian Vandendorpe (dir.), *Le Récit de rêve*, Québec, Nota Bene, 2005, p. 57-73.

Sophie Jama, *Rêve et cultures*, Montréal, Liber, 2009.

KABBALE

Quelques questions traitées ici nécessitent un éclairage sur l'histoire de la tradition kabbalistique, sur son actualité au sein du judaïsme moderne et sur son influence dans toutes les techniques d'interprétation.

On se référera d'abord au *Zohar, livre de la splendeur,* que j'ai cité ici dans l'édition française, traduit par l'excellent et regretté Charles Mopsik, aux éditions Verdier, Paris, 1990, tome 1.

On pourra approfondir en se référant à la somme anthologique du même Charles Mopsik, aux éditions Verdier, *Les Grands Textes de la Cabale,* Paris, 1993, et plus spécifiquement, pour ce qui concerne nos questions sur les rêves et sur leur maniement, au petit livre de Moshe Idel, intitulé *Les Kabbalistes de la nuit*, Paris, Allia, 2003.

LISTIKHAR

Enfin, pour ce qui concerne le *Listikhar*, son extension dans les sociétés musulmanes d'Afrique de l'Ouest et les dangers qu'il peut présenter, deux références dans les domaines de l'anthropologie et de la psychiatrie.

La somme, certes déjà ancienne et souvent citée depuis, pas toujours à bon escient, d'András Zempleni : *L'Interprétation et la Thérapie traditionnelle du désordre mental chez les*

Wolof et les Lebou du Sénégal (thèse pour le doctorat de troisième cycle, Ph D.), Paris, 1968.

Et un article relatant la décompensation psychotique d'un marabout non initié se lançant inconsidérément dans la voyance : Bernard Cayrol, *Épisodes délirants au décours d'une expérience mystique. Un cas de Listikhar pathologique* (thèse de médecine), université Paris-VI, 1985.

Chapitre 8

En ce qui concerne les rêves de pertes de papiers d'identité, on pourra se référer à mon texte, Tobie Nathan, « Le syndrome de la valise », *in Psychanalyse païenne*, Paris, Odile Jacob, 2000, 3e édition, où je relate en détail un tel rêve personnel.

En ce qui concerne les rêves des mystiques, les références sont innombrables. On pourra se référer à l'autobiographie de Thérèse d'Avila et à celle de sœur Jeanne des Anges, supérieure du couvent des Ursulines de Loudun, *Autobiographie*, Paris, Jérôme Million, 1985.

Pour une réflexion approfondie sur la mort et sur les morts, on pourra consulter l'ouvrage réalisé en collaboration avec François Dagognet : *La Mort vue autrement*, Paris, Les Empêcheurs de penser en rond, 1999.

Et si le lecteur souhaite prendre connaissance de l'histoire de la guérisseuse réunionnaise évoquée dans le chapitre, de son enfance et du récit de sa vocation, il pourra consulter le chapitre intitulé « Visite à une lointaine cousine », dans *L'influence qui guérit,* Paris, Odile Jacob, 1994.

Table

DU MÊME AUTEUR
CHEZ ODILE JACOB

L'influence qui guérit, 1994.
La Parole de la forêt initiale (avec L. Hounkpatin), 1996.
Psychothérapies (avec A. Blanchet, S. Ionescu et N. Zajde), 1998.
Soigner (avec C. Lewertowski), 1998.
613, 1999.
Psychanalyse païenne, « Poches Odile Jacob », 2000.
Le Divan et le Grigri (avec C. Clément), 2002.

CET OUVRAGE A ÉTÉ TRANSCODÉ
ET MIS EN PAGES CHEZ NORD COMPO (VILLENEUVE-D'ASCQ)
ET ACHEVÉ D'IMPRIMER SUR ROTO-PAGE
PAR L'IMPRIMERIE FLOCH À MAYENNE
EN MARS 2011

N° d'impression : 79305
N° d'édition : 7381-9952-4
Dépôt légal : janvier 2011

Imprimé en France